親愛的，讓我們一起靜心吧

不生氣

就能讓孩子

安靜下來的秘密

幫助他們、引導他們，他們會跟你更親近。

淼上源／著

自序：親愛的，讓我們一起靜心吧

要他們安靜，簡直就是要他們的命！

「安靜！不要吵！」

很多時候，我們總是希望好動吵鬧的孩子們能安靜下來不要吵，但是往往發現，很難讓孩子「一直」安靜不吵鬧，如果動用權威讓孩子動也不動地靜靜坐一旁，那可能是他們最痛苦的事了，那簡直就是要他們的命！

孩子的天性本來就是活潑好動，「動」是孩子的本能之一，他們正是透過動能來發展身心，展現自己的充沛活力。

並不是每個孩子都喜歡安靜的坐著讀書，要讓孩子肯安靜下來，似乎看來是件天大的難事。

但是，真的是這樣嗎？

怎麼讓孩子自動地安靜下來呢？

十多年前，因為一項研究專案[1]，我跟著一些資深的禪修教師進入校園，當時教室一片安然寧靜，我心裡非常驚訝：「到底他們是怎麼讓孩子自動地寧靜下來的呢？」因為印象中，孩子總是吵吵鬧鬧的。

看到那些資深禪修教師們（多半是已經退休的老師），他們在禪修上有豐富的經驗，所以在帶領孩子靜心過程中，每一堂課都在我心中畫下了驚嘆號！「為什麼他們總是可以讓孩子們服服貼貼地寧靜下來？」

於是我持續觀察了許多校園的禪修活動，也因為工作的關係，近來我又參觀了另一項校園「心寧靜運動」，這項運動含括了從幼稚園到中學，而他們讓孩子寧靜下來的時間，竟然只要「一分鐘」！這讓我又開了一次眼界，他們真的讓原本正在吵鬧的孩子們，在「一分鐘」後瞬間寧靜下來！這聽來有點不可思議，但這是一個正在發生的事實。

偶爾我會遇到一些父母或老師，他們常因為孩子太好動，所以有寧靜不下來的煩惱。要讓孩子安靜下來，其實可以有一些策略，如引導他們做深呼吸的練習，或是聆聽大自然音樂，藉由暗示引導，慢慢地把小朋友的心安定下來，也讓孩子從生活中學習如何調整自己的情緒。

因為從事這方面研究工作的關係，看過許多兒童與少年靜心實驗成功的案例，累積了一些資料，信宏兄建議我寫看看。於是我思索著該如何用簡單、容易明瞭的方式，把這些

內容呈現給大家了解。

當然，也希望您在閱讀後會有新的觸發！

1. 當時國科會專案研究名稱為《校園禪修研究》，研究法鼓山的禪修教師與僧伽大學的法師們進入校園進行禪修教學的情況。
2. 這是指靈鷲山校園「心寧靜運動」，到目前為止，據統計，全國約有五百所以上校園實施過，現在可能更多。校園心寧靜運動，其練習只需花一分鐘的時間。

心寧靜，世界就寧靜

二十一世紀是所謂的資訊時代、網路時代、滑世代，正好與英國作家狄更斯在《雙城記》所描述的時代不謀而合：「那是最好的時代，也是最壞的時代；是智慧的時代，也是愚蠢的時代；是信仰的時代，也是懷疑的時代；是光明的季節，也是黑暗的季節；是充滿希望的春天，也是令人絕望的冬天；我們的前途擁有一切，我們的前途一無所有；我們正走向天堂，我們也走向地獄。」

在這資訊化、網路化、全球化的時代，資訊量爆炸到讓人來不及吸收；網路通訊設備打破時空的限制，讓人二十四小時都得開機，待命不得休息；全球化競爭，讓人時時自我超越不得安寧。無怪乎有人說：「這時代的人什麼都不缺，就缺一分寧靜。」

有感於現代人的心普遍不寧靜，靈鷲山開山大和尚心道禪師歸納多年真修實練的禪修經驗，提出「平安九分禪」的實修方法，讓普遍忙碌的現代人每天三次將心境歸零，每次只需九分鐘，隨時隨地，找回日常生活中所渴望的安定平靜，在寧靜中聽無聲之聲，放鬆、

放下，讓我們的心回到原點，找尋喜悅，推己及人，讓人人都能體會禪坐的寧靜與安詳。

現代工商社會每個人常常感到「忙、茫、盲」，甚至連小學生也同樣「忙於補習、對生活感到茫然、盲目於人生的意義」，其中一個很重要的原因，就在於「自己的心感受不到寧靜」，因為教育是人類升沉的樞紐，而好的習慣更應該從小就紮根，所以靈鷲山教團進一步設計出「心寧靜情緒管理教學十五堂」，配合寧靜三工具：寧靜手環、寧靜一分鐘、寧靜之歌，期望從小教導孩子做情緒的主人，隨時感受到心的寧靜。

而全球心寧靜教師團就是以推廣心寧靜情緒管理教學為使命，近年來在全台各地，甚至遠至馬來西亞、緬甸大力推廣，宜蘭縣就有十幾所學校，配合每節課上課鐘聲響後，開始播放寧靜一分鐘的口訣音檔，讓學生先將自己的心寧靜下來，再開始上課，老師和學生都發現，這對教學及學習成效有很好的助益。

寧靜一分鐘的口訣是：深呼吸、合掌、放鬆、寧靜下來、讓心回到原點。這是因應現代人忙碌生活的一帖「靜心良藥」，在這個基礎上，若想更進一步了解體驗靜心禪修的方法，健原的這本書正好是一本很好的橋樑書，他避開了讓人難懂的專業禪修術語，設計貼近生活情境立即可行的體驗方法，正呼應心道禪師提出的「生活即修行、工作即福田」理念，若能經由這本書慢慢培養禪修靜坐的習慣，相信必能讓自己的生命更寧靜致遠，由自己開始寧靜下來，進而建立寧靜家庭、寧靜班級、寧靜校園、寧靜社會、寧靜新世界，真正實現心道禪師「心和平，世界就和平」的和平新世界。

林國賓
靈鷲山全球心寧靜教師團副總團長
宜蘭縣羅東鎮北成國小資訊組長

一帖即時又有效的清涼良藥

無論是時代的演變還是醫學的進步，似乎被診斷為過動、自閉、注意力無法集中的孩子越來越多了。許多父母，老師，醫師，心理師和社會工作者等，也都注意到問題的嚴重性。身為一位眼科醫師，雖然不在這個領域的醫療最前線，但也對父母和老師們的憂心忡忡能感同身受。

或許也由於西方傳統精神醫學對治此類孩童的方法和效果極其有限，所以許多老師和父母轉而向民俗療法、宗教療法、瑜伽、新時代、催眠治療等另類療法求助，一股新興的心靈運動正方興未艾。尤其是在西方歐美已經蔚為顯學多年的「正念」（mindfulness）療法，已經證實對躁鬱、失眠、精神疾病，甚至許多生理疾病有正面的效果，千年古老的修行者的智慧結晶，在二十一世紀人心普遍呈現浮躁、不安、焦慮、恐懼和不確定感的末世情緒氛圍裡，無異是一帖即時又有效的清涼良藥。

就眼科醫師所理解的時代因素，一是現代生活環境充斥過多的過敏原，使孩子因身體的過敏反應而無法專注；二是3C產品面板的過多藍光，使得生理週期的規律節奏被打破。

據近年來的醫學報告顯示，過度使用3C產品，會使得眼睛接受太多藍光，進而導致人體的睡眠週期被打亂，降低了孩子白晝時刻的情緒反應、專注力和學習表現。研究更進一步顯示，接觸過多3C用品的藍光，會導致情緒低落，甚至暴躁易怒。

然後，無論是過敏原之充斥，還是3C產品的使用，都已經是時代不可逆的潮流，因此本書作者基於多年從事兒童禪修實作的豐富經驗，提出針對孩子特有的身心違常發展的一些建議和方案，無疑是對治孩子情緒浮動、專注力缺乏、學習障礙和人際關係缺陷等問題的良方，靜心、深呼吸、多接觸大自然、藝術創作，人類老祖宗幾千年的經驗已經證實對人類這顆「瘋猴子心」有確切的療癒效果，相信也會對我們下一代的成長學習有所助益。

希望這本書的出版，對陷於無助和失落的父母、老師們，以及在台灣今日深陷學習壓力風暴的孩子們，都會是一大福音！

陳克華／江飛雋
詩人醫師
台北榮民總醫院眼科部主治醫師
陽明大學醫學系副教授

以正念定靜一顆躁動的心

在因緣際會下，認識本書作者黃健原先生，當時他在認真地尋找生涯的方向，也認真地嘗試適合他發展的各種可能。他一直是這麼「認真地」經營著自己的生命，勇敢地追尋目標。他最讓我稱讚的是，「用盡方法」陪伴與協助離癌的母親走過幽谷，重獲健康。這過程用認真來形容是不足的，他的方法才是關鍵。他正確的態度與運用有效的方法，促成了母親的康復，也同時成為本書的養分。

對於曾經是小學老師的健原而言，對孩子的活潑、好動並不陌生。他深感有多少的父母、小學老師，甚至中學老師是「敗」在無法讓孩子安靜下來，而成為一個「失能」的「大人」。更重要的是，許多大人在似是而非的觀念下，讓孩子繼續吵鬧下去，沒能安靜下來學會「與自己的身體作朋友」、學會「對自己的感受與想法做覺察」、學會「感受大自然」，與學會「感恩生命中所發生的一切」。而事實上，這些是讓人活得更真切與愉悅的重要元素啊！

在本書中，除了有詳盡的觀念說明外，且將實務操作分成七個主題——體驗呼吸、專注焦點、肢體伸展、放鬆暗示、感官覺察、專注力遊戲與感恩祝福。作者強調這七個主題是為了方便說明，實際上是可以用循環方式重複練習的。用心的讀者一定可從本書獲得啟發，而願意按照書中的方法來協助孩子安定與寧靜下來。

加拿大學者郎尼根（Bernard J. F. Lonergan, S. J., 1904-1984）認為，任何議題在被理解以前，首先必須是「知識的」；亦即，一個議題必須在智性上獲得體認，在條理分明、理論一貫這一層面上被肯定，它才能夠被認定「可能是」真理，進而加以反思與驗證，而作為真理奉行。他以經驗、理解、判斷三個步驟建構人的認知過程。郎尼根指出，人對經驗的覺察是一切探問的開始。運用本書教導孩子體驗過後，孩子會有屬於他自己的「探問」，大人們不要急著給答案，可以引導的方式協助孩子自己去進行智性的探索。對於孩子探索所得的結論，可鼓勵他（她）進行理性的思辨。這一切過程是在培養孩子成為一個主動的學習者。

孩子是否能對自己的經驗有覺察，與他（她）是否能以正念專注有關，覺音尊者在《清淨道論》中說明：「念是一種心理過程，通過不忘失的憶念，以保持思慮的穩定。」它是將自己的注意力固定在某個對象上，專注的覺察。因為念的穩定，形成一種精進、不放逸的力量，這就稱為正念。換言之，正念是人能排除一切干擾，以平靜的心理狀態，將注意

力集中在當下，以正確的方式覺察當下。這種念念在當下，純粹地專注於每一當下所顯露的身心經驗時，也同時會開發許多的優質心境，例如：掌握剎那、放下掙扎和抗拒、反觀自照等等。

根據美國醫學與心理治療對正念實踐的研究說明：

正念是一種和自己相處的方式，藉由觀察自己、接納自己，然後達成一種轉化的境界。它具有幾個特色：把想法與感覺保持在意識的層面，而不是試著去改變它們；它並未提供解決問題的方法；它需要不斷地練習。[1]

正念的實踐是要人對所體驗的一切保持純粹如實的覺察，它不具玄妙神變，不需離群索居。它需要練習的人不斷地在日常生活中實踐與體悟，最終能對生命發起滋養與支撐的作用。這方法廣為各界所採用，且得到很好的療癒與修行的效果。在現代急速變化且競爭激烈的社會裡，人們的情緒容易躁鬱不安、心思發散，正念實踐的方法值得重視與推廣。

陳秀蓉
台北市國中暨特殊學校退休校長、天主教輔仁大學宗教學研究所博士
輔大宗教系進修部兼任助理教授

放慢腳步——與最美的自己相遇

在這時代，人們似乎以「我」為至上，似乎活得很「自我」，然而，實際上我們對自己卻是很陌生的。

黃健原《親愛的，讓我們一起靜心吧》這本書，不僅在教導小朋友，其實也在教導大人。在這二十一世紀e化的時代，一切一切皆在快速地轉變中，每天每天我們馬不停蹄地忙碌，外在的世界如此快速變化，我們自己內在的世界也是如此快速變動著。而如此如此不停地速變中，自然而然地也影響了我們的下一代孩子。因此，與其說是教導孩子們安靜下來，還不如說先教導大人們放慢腳步。

《親愛的，讓我們一起靜心吧》這本書中，告訴我們：在如此遽變的時代，宜放慢腳步，來感受一下世界的變化，聆聽一下自己的心聲

讓眼睛看看天空的白雲……讓耳朵聽聽溪流的水聲……

讓鼻子聞聞小草的清香……讓舌頭嚐嚐食物的酸甜……

讓腳趾觸觸泥土的柔軟……感受一下微風的輕撫……

感受一下自己的呼吸……

而這一切一切，是我們熟悉的經驗，但似乎已被我們遺忘了，顯得有點陌生。藉由《親愛的，讓我們一起靜心吧》這本書「實務操作篇」的指引，讓我們自己能更接近自己，與最美的自己相遇。

本書作者黃健原（筆名淼上源），具有師範學院教育背景，且參與國科會「校園禪修教育」研究專案，加上他那顆呵護小孩子的心，對小朋友教育的關心，因而有此書之問世。

陳英善
法鼓山中華佛學研究所專任研究員暨副教授
輔大宗教研究所副教授

---

1. 在美國有兩個著名的心理療癒設計，分別是：「正念減壓」（Mindfulness-Based Stress Reductio，簡稱 MBSR）與「內觀為本的認知治療」（Mindfulness-Based Cognitive Therapy，簡稱 MBCT）。雖然說是兩個療程，但實際上是一套課程用於兩個不同對象的治療。內觀為本的認知治療是由 Zindel V. Segal、J. Mark G. William、John D.Teasdale 等三位醫生為防制病人憂鬱症復發，而根據「正念減壓」療程內容所實施的治療活動，稱為「憂鬱症的內觀認知治療」（Mindfulness-Based Cognitive Therapy for Depression: A New Approach to Preventing Relapse）。參 Zindel V. Segal、J. Mark G. William、John D. Teasd

目錄

Chapter 5 引導暗示

Chapter 6

感官覺察

Chapter 7 專注力遊戲

Chapter 8 感恩祝福

Chapter 1

靜心不是只能打坐！

只有動靜合宜，才能達到身心最佳的平衡狀態。所以，想讓孩子安定下來，要使他們身心平衡，不能只帶著他們打坐或是不斷帶他們去運動。

身心平衡必須兼顧動態與靜態

我們很難讓一個孩子寂靜無聲，因為他們有好動活潑的天性，這是一種自然的動能，我們不能抑止那些動能，即使是對於有過動傾向的孩子也一樣（藥物有時也是一種抑制作用），比較好的方式，應是能量的疏導與平衡。

過度好動或是定不下心來，有時是因為身心動靜的平衡失調，太過躁動的身心缺乏定性，以致沒有辦法專注思考；反過來，太過沉靜則會使個體缺乏生機，如缺少運動，身心也會失調。如何導引孩子的身心在動與靜之間獲得平衡，是很重要的關鍵。

安定是一種身心在動態與靜態之間的自然平衡，運動可以促進細胞新陳代謝，培養適當的運動與靜心習慣是很重要的，但運動不必過於激烈，一種適度的有氧或柔性運動即可；靜心則可以深層地活化細胞，其目的在幫助調整身心靈的頻率，修復人體內在的能量，使大腦可以充分休息。只有動靜合宜，才能達到身心最佳的平衡狀態。所以，要讓孩子安定下來，要使身心平衡，動態與靜態都必須兼顧。

靜心冥想與運動的相關研究

這本書裡的身心平衡概念，是結合靜態與動態的活動，規律的「運動」再配合「靜心」冥想。即具備雙重優點，也最適於現代人練習，特別是兒童與青少年的身心平衡。這兩部分所帶來的身心利益，也在許多研究中都證實過。

靜心正向效果之實證

事實上，國內外相關研究不勝枚舉。以丹尼爾・高曼（Daniel Goleman）為首的西方心理學者，就與達賴喇嘛展開多次的對談[1]，這些重量級的科學家運用尖端的腦部測量科技研究禪修者所展現的特質，發現他們具有：專注能力、敏銳度、正向情緒、同理心、富感染力等人格特質。

而在美國三藩市的許多學校便設有「寂靜時間」，自維西塔西昂山谷中學（Visitacion Valley Middle School）於二〇〇七年實施靜坐時段後，便使得學生異常行為有了改善[2]，效果令人驚喜。另外，在伯頓高中（Burton High School）實施靜坐之後，學生壓力和憂鬱感都降低了，學業成績也有了明顯的進步。

據《時代週刊》（Time）報導，美國人對靜坐產生興趣主要是醫學的因素，醫師們推薦靜坐的目的，在於防止或延緩長期性的疾病，如心臟病、愛滋病、癌症，以及憂鬱症、過動和注意力短缺症等問題，這些也都有相關的研究成果報告。

近代蘋果創辦人賈伯斯也是有靜坐習慣的人，據說他的辦公室裡面幾乎什麼都沒有，只有一個用來打坐的坐墊。他每每在決策前，都會先做靜心練習，在心定下來後才進行清晰的判斷。

運動正向效果之實證

據《紐約時報》（The New York Times）所報導的一項研究，他們讓年老的老鼠每天快跑五分鐘，持續五個星期，便可產生一連串生理變化，使牠們的記憶力能夠追上年輕的老鼠。

在《科學人》（Scientific American）雜誌中，曼森（JoAnn E. Manson）等學者指出運動的利益包括：激發腦力、減少心理憂鬱和焦慮症狀、增強免疫系統的偵測能力、避免罹患癌症等。研究指出，運動能使氧氣進入細胞，細胞能利用氧而產生能量，使得大腦可

以做更多的思考，儲存更多記憶。

很多父母以為運動是浪費時間和體力，這其實是一個迷思。神經科學教授洪蘭就提過，運動能改善情緒並提升孩子學習力，例如在一個國外的實驗研究中，便發現每天上一個小時體育課的孩子，在考試成績上會比較好，而大學生參加運動計畫後，學業成績也上升了；同樣的，以中老年人為研究對象，也發現心智有更為提升的效果。所以，運動除了可以健康、紓解壓力外，對腦力也是有幫助的，它能讓人心智提升、思考靈活，也促進大腦的整合功能。

西方心理學者的探索

一些西方心理學者提出這樣的問題：人類心智的所有能力可以怎樣開發？冥想對心智鍛鍊有用嗎？

於是，他們開始從東方修行模式來探討這類的心靈智慧，「內觀智慧」開始受到關注。然而，人類是否能透過修練，尋找到自我內在的深層智慧呢？

以馬斯洛為代表的一些西方學者，由此開始吸收東方古老文化傳統，包括禪宗、道家、印度瑜伽與禪修體驗等心靈修養。

東方文化對精神生活有更深刻的體悟、解釋及修養方式。如發源於古印度的瑜伽（yoga），就是透過靜心使心神安定、心身統一，而達到頓然醒悟的境界。

根據美國官方統計，早有超越百萬人學過瑜伽和靜坐，由此可見，近代的人們已經開始關注內在心靈層面的發展，超個人心理學把超覺沉思或靜坐視為一種有效方法，認為這是一種達到身心豁然開朗或心靈豐滿，並和宇宙合一的狀態。

甚至在運動心理學（Sports Psychology）的訓練中也加入了靜心和心理技能訓練（Mental Training），使身心放鬆、情緒平衡、增加專注力。

西方學者從科學的方向來著手，針對超覺靜坐的科學研究，顯示了在心理、生理上的反應，肯定了它的正面功能，如身心放鬆、調整情緒、減輕焦慮、增強知覺的敏銳和清晰度、增進心理健康水平、增強自信心、提高學習和工作效率，並可治療、緩解緊張症及身心症狀等等。

身心靈平衡的學習，有助加強精神修養，也能不斷淨化人的心靈，有益於增進個體身心的和諧發展。

多元能力發展

根據相關研究，身心平衡可引發孩子的多元能力與特質。主要包括：

專注力：靜心與適度運動可以產生持續的專注效果。

安定力：情緒更有穩定性。

觀察力：對四周圍環境敏銳度與觀察力提升。

思考力：頭腦思緒變得更清晰有條理。

創造力：容易激發更多靈感。

持續力：能增強耐力與恆久性。

溝通力：更能冷靜理解對方的處境。

包容力：能開發愛與慈心的包容氣度。

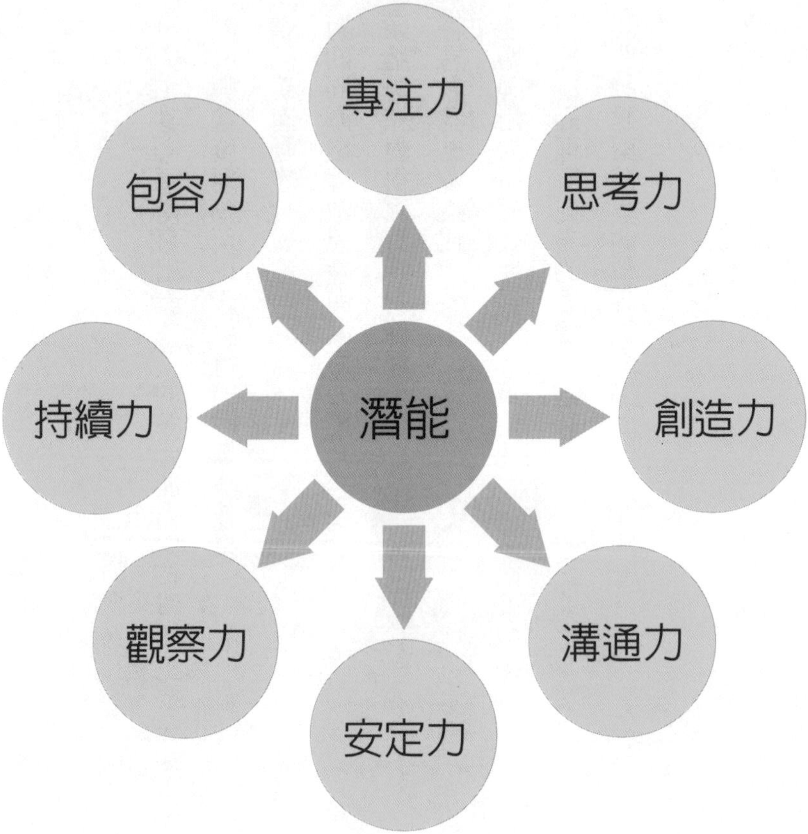
專注力
包容力
思考力
持續力
潛能
創造力
觀察力
溝通力
安定力

無須特定宗教信仰

有人擔心靜心會不會走火入魔，或是得走入某個宗教系統學習。這本書並不是談靈修，也不是談修行，雖然有些靜心方法是從禪修概念轉化而來，但我們是回到教育立場來思考：**人類的身心發展到底需要什麼樣的學習？**

靜心只是試圖在尋找適合現代人身心平衡的方法，將簡易的身心平衡概念，透過專注、放鬆與覺察，以一種普遍性的自學方式，讓我們在忙碌的生活中，培養出安定與自我情緒調整的能力。

事實上，這類課程在西方學校教育中，如英美等國家早已有開發，只是國內目前仍然有限，希望藉由本書的出版，能提供給教育者更多的想法。

學完本書能得到什麼？

我們希望在導引心安定的同時，能發展出內在豐富的心靈。

目標一是專注力：讓心專注於一個焦點，在不散亂的狀態下，讓混濁思慮的狀態轉為清明純淨。

目標二是覺察力：透過感官感受，培養敏銳覺察力。

目標三是包容力：學習感恩與祝福，讓心靈更豐富，培養正向的人格。

項目	方法	目標	主題範疇
專注力	讓心專注於單一焦點	持續心不散亂的狀態	體驗呼吸（CH2） 專注焦點（CH3） 專注力遊戲（CH7）
覺察力	培養感官敏銳覺察力	保持開放性的覺知	肢體伸展（CH4） 感官覺察（CH6）
包容力	學習感恩、祝福	讓心靈更豐富，充滿喜悅	放鬆暗示（CH5） 感恩祝福（CH8）

根據本書活動設計的目標，預期學習後可能帶來的效益如下：

1. 身心健康：透過專注寧靜與放鬆，和大自然深層的接觸，可以使身心細胞蓄含更多能量，達到身心平衡的效果。

2. 穩定情緒：透過持續練習寧靜安定、感恩祝福練習，使孩子的情緒更穩定。

3. 學習效能：專注力與覺察力的提升，有助於提升學習和工作的效能。

4. 開發潛能：伴隨著心靈淨化，慢慢發掘更多孩子的潛在能力，如運動技能、藝術、閱讀與學習。

循環式的練習主題

為了方便說明與學習，本書將內容分成：體驗呼吸、專注焦點、肢體伸展、放鬆暗示、感官覺察、專注力遊戲、感恩祝福七個主題。

這七個主題是依學習重點所作的分類，以下每個主題都會說明概念與體驗活動。

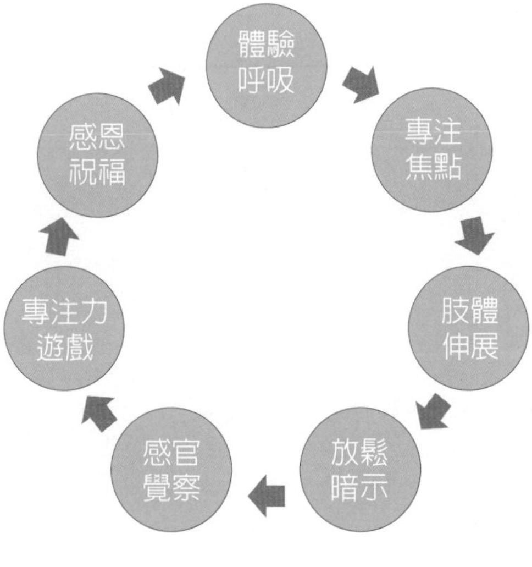

1. 丹尼爾．高曼（Daniel Goleman）為哈佛大學臨床心理學與發展研究博士，曾任哈佛大學教授，羅格斯大學（Rutgers University）專業與應用心理學研究所EQ研究學會主席。高曼的研究對情緒健康尤其感興趣。二〇〇三年三月，達賴喇嘛在印度達蘭沙拉（Dharamsala）與幾位世界級的科學家探討破壞性情緒（Destructive Emotions）的會議。其中有大部分的內容在探討藏傳佛教禪修對人的影響，參與的學者還包括心理學界研究情緒的艾克曼（Paul Ekman）、研究人類情緒的精神科學的戴維森（Richard Davidson）等等。

2. 據媒體報導，維西塔西昂山谷中學學生行為被認為容易「失控」，經常一言不合即大打出手，或在牆壁上亂塗鴉、寫上詛咒老師的字句等等，學生缺課率和翹課率是全城最高的。實施靜心後，學生的輟學率降低了百分之四十五，成為市裡輟學率最低的學校，出席率更達到百分之九十八，平均成績也明顯提高。

Chapter 2

體驗呼吸

找一個安靜的地方，放下一切，
好好的享受一下呼吸。
讓呼吸持續更長的時間，
去感受呼吸帶來的寧靜，
這是讓身心充電的好方法。

呼吸是安定身心最直接的方法。

那是一種氣息的流動，也是帶動整體身心靈平衡重要的關鍵因素。無論是古老東方或是現代西方國家，呼吸法是運用最普遍的一種方法。

呼吸法在調節與統合身心上發揮了重要的功能，如果能將呼吸放慢、放長，腦波頻率便可以將緊張混亂的 β 波，降到安靜放鬆的 α 波。而在逐漸進入放鬆狀態時，腦下垂體會開始分泌，松果體也會開始作用，腺體分泌量增加，身體自癒力也將跟著提升。

呼吸法是隨時隨地都可運作的一種方法，站著也好，坐著也好，躺著、走著，不限任何一種姿勢。找一個安靜的地方，放下一切，好好的享受一下呼吸，讓呼吸持續更長的時間，去感受呼吸帶來的寧靜，這是讓身心充電的好方法。

深呼吸，和氧氣做個好朋友

印象裡，孩子就像蠕動的毛毛蟲，儘管他們有著天使般的面孔，但教導他們時，總感覺是在和魔鬼戰鬥，「天啊！又是一團亂！」他們似乎有用不完的精力。要讓孩子安安靜靜地坐著，聽起來就像是期待一種「奇蹟」。

別這樣就投降！我也曾經戰鬥過。

「安靜！安靜！」過去的我，曾用權威的命令的方式訓練孩子靜坐，硬生生地逼迫他們安靜下來。每當他們太吵時，我就板起嚴肅面孔，話還沒說出口，就有小朋友搶著說：「安靜啦！又要靜坐了啦！別吵啦！」這一招滿有效的，他們終於安靜了，孩子們挺怕這一招的。

好不容易，他們終於「忍」過了三分鐘。「忍？」是的，因為是被迫的，要孩子們忍耐著不吵、不鬧、不說話，這對他們而言，似乎是極為痛苦的事。小孩並不喜歡這樣不能動、不能吵的靜止狀態。但偏偏用這種方法對治他們的吵鬧，又非常有效。

過去我用的「靜坐」，就是要求他們靜靜坐著不能動。那真的像極了在他們頭上套上緊箍咒，幾分鐘後，他們自然就會乖乖了。只是完全不能動地坐著，對有些孩子而言，好像是一種折磨和處罰，這緊箍咒可是不太好戴的。

於是，我和小朋友之間，總是玩著吵鬧與安靜的「拉鋸戰」。我常想「到底該用什麼方法，才能讓他們心甘情願地靜下心來呢？」這個疑惑一直在我心中。

離開教職後，因為進行一項「校園禪修」專案研究。我隨著一位非常資深的義工教師，進入基隆地區幾個幼稚園時（如東信國小附設幼稚園），身為研究觀察員的我，竟看到每個小孩都非常專注、寧靜、祥和地呼吸著。

「天啊！幼稚園小朋友竟然可以這樣安祥寧靜，這個年齡的幼兒不是會吵到天花板都掉下來嗎？」當時，我真的有點感到震撼。

那時一個班級約有二十個小朋友，靜坐時，每一個小臉都好投入，真是可愛極了。後來我才知道，幼兒們已經過了兩學期的練習，一週大約有兩次晨間靜心，所以孩子們已非常進入狀況。孩子們很自然地做完伸展操後，就會自動地坐下來，自然而然地靜下來，他們在非常短的時間內就進入安定狀態，而臉上的表情是愉悅而祥和的。

我問了禪修教師，到底是用了什麼方法？於是她特地示範了一次，她對著小朋友說：「來，小朋友，讓我們深呼吸，讓我們和氧氣做個好朋友，來，吸氣、吐氣……」

我記錄著她所使用的方法，像是：「數一數，你有幾隻羊呢？」透過她的引導，並利用幼兒想像力與肢體配合，他們會覺得呼吸體驗很有趣，也願意嘗試。這證明了幼兒其實是可以培養出自我安定的能力。

之後，我訪問了幼稚園的導師：「小朋友有沒有持續練習這活動，會有差別嗎？」她說：「差異是很大的，經過一年多的固定練習，孩子情緒慢慢變得很穩定，也很容易帶，如果這種練習中斷一個學期以上，孩子就會有很明顯的躁動、吵鬧，感覺也會非常浮動。」

所以她也自己慢慢學會了指導小朋友靜心的方法。

這種學習如果能夠越早開始培養越好，別小看幼兒的潛能，因為年齡越小，可塑性也越高，更容易進入狀況，也越容易引導。

事實上，在國外實施的學校也不少，如加拿大溫哥華的西蒙小學（Admiral Seymour Elementary），就已經實施專注靜心活動數年，每天在早上的上課前、中午飯後、放學前，學生活動暫時停止時，便會實施靜思打坐幾分鐘。他們也證實這樣活動有助於學生集中精神，提升學業成績。溫哥華最早採用靜坐指導活動的艾力克森老師（Jennifer Erickson）就表示，採用這些活動後，學生的氣質變了，成績也改善了。

氣球的想像：你的氣球有多大呢？

連續深呼吸是每個人都會的事，差異只在耐心，多花一點時間去關注「呼吸」這件簡單的事。要如何引導孩子把專注力放在「呼吸」上，並讓孩子對呼吸產生興趣呢？

吸氣練習

要引起小朋友學習呼吸的興趣，可以給予他們一個想像的空間。我們可以將雙手伸展開來，以此作為輔助。吸氣時，讓孩子想像自己的身體是一個氣球，正慢慢地變大中。這時，讓孩子把雙手打開，教他們去想像自己氣球的大小，用這樣的方式，可以讓孩子願意延長更久的呼吸時間。

引導者：

想不想和空氣做朋友呢？

你找到空氣了嗎？

讓我們一起來尋找空氣這位朋友，好嗎？

好，把你的眼睛閉上，雙手打開，想像你是一顆氣球，深深地吸了一口氣……

好棒，再多吸一些，空氣是我們最好的朋友了，讓空氣再多一點，讓你的氣球再大一點。你吸進了很多氧氣，你的身體慢慢膨脹了，氣球越來越大。它可以幫忙你身體血液裡的每個細胞變得更有活力，同時也會讓你越來越舒服。

孩子把雙手打開，努力地吸著大自然清新的空氣。

「好棒、好棒，你做得好棒！」

別忘了鼓勵孩子，他們喜歡被鼓勵，越鼓勵，他們會越做越好。

呼吸是很簡單的動作，但要孩子們一直專注在這件事上，並不是很容易。所以，透過想像，用動作來引導，他們會比較樂於參與其中，為了想把氣球變大一些，孩子會很努力地吸氣。

吐氣練習

接著要練習吐氣，可以讓孩子想像自己身體是一顆正在漏氣的氣球，身體慢慢地縮小，雙手慢慢放下，我們的動作也可以誇大一點，讓小朋友覺得有趣。

孩子往往會模仿大人的動作，可以透過動作的引導，讓他們學習呼吸。

引導者：

好，可以吐氣了。請慢慢地調整你的呼吸……哇，氣球慢慢變小了。剛剛，你的氣球有多大呢？

好棒、好棒，你做得很棒，就是這樣。

最後，我們要讓孩子了解深呼吸的好處，讓他們願意練習。如果可以，建議到空氣清新的山林中進行練習，因為山林中有充分的氧。最直接影響到人體身心的就是氧氣能量，它能改變全身的活力，使人產生新的能量與機能，也會使人自然地安定下來，身心變得非常舒暢。

引導者：

好，把雙手打開，我們要再把氣球變大，再來一次，吸氣，再吸氣……

好，要吐氣了，想像自己是正在漏氣的氣球，你的身體慢慢地縮小，手慢慢放下來，越來越小了。

好！慢慢吐氣，盡可能的把所有的氣放出去，拉長呼吸，吐出去，你現在變得很扁很扁了……

你知道為什麼我們要深呼吸嗎？

（引導者可以和孩子討論一下深呼吸的好處）

為什麼要選擇在大自然中體驗呼吸呢？

小知識

氣體在人體內的循環是一件非常重要的事，在山林中呼吸，就好像在進行一次體內的全身洗澡一樣，我們將體內污濁的氣體排出，再吸收大自然的氣，讓每一個體內細胞都進行更

新。這樣，不僅可以體驗到整個人都充滿了新的能量，還能夠讓我們身心平衡，達到內在的寧靜與休息。

氧氣對人體的免疫功能和新陳代謝有著決定性作用，身體的許多病痛，往往是因為細胞含氧量不足所致，當氧氣不夠，我們體內就像老舊汽車，會排放出濃煙廢氣，對體內造成傷害，也會導致免疫力下降、睡眠不好、精神不佳，而腦中缺氧，更容易讓精神渙散，學習效果也會低落。

因此，發現孩子的學習效率越來越低時，不妨帶著孩子到空氣清新的戶外，重新活化大腦與體內細胞，或許就能有些不一樣的改變。

過去我協助母親抗癌成功的祕訣，就是定期帶她到山上進行森林呼吸，充足的氧氣呼吸改變了人體細胞的能量，這種方式對體質的改變非常有效。

持續性專注的呼吸練習：「數一數，你有幾隻羊？」

對於年齡較小的孩子來說，要持續一段安靜的呼吸練習，其實並不太容易，但有了前

面「氣球的想像」的練習，多少可以讓他們對呼吸產生一點興趣。但是，要如何讓他們可以持續更久呢？

指導幼兒的禪修老師就是用數綿羊的遊戲來帶的，她讓兒童假設自己是個最有愛心的羊爸爸、羊媽媽，讓每個小朋友照顧十隻羊寶寶，以十次呼吸作為一個基本單位。

剛開始時，可以讓孩子配合呼吸數綿羊，按照一隻羊、兩隻羊、三隻羊……來配合，用數羊來引導呼吸，使他們進入安定的狀態。

羊給人一種溫和、善良、服從的感覺，在心理層面上也有引導作用，可以使引導孩子更柔順。當然，也可以變化不同的動物或情境，用他們喜歡的動物角色來引導。讓他們以數動物為專注的標的，給一個標的後，便能把他們的心繫住，讓散亂的心收起來，增進專注力。

數呼吸時，注意力放在數數就可以了，帶孩子反覆練習，每次數十次呼吸，開始練習時時間不用太久，可以從一分鐘開始練習起，再看情況慢慢增加時間。利用這樣短短的時間，孩子很快就可以把心安定下來。

請別小看這個方法，如果能常常練習，兒童的穩定度會大大提升，讀書前、上課前、睡前等，都可以做這種練習。若是要配合學校的課程，這樣的練習對於增進記憶力也有幫助，可以讓小朋友應用呼吸法來背ㄅㄆㄇㄈ或ABCD，更大一些的兒童，也可以利用還背九九乘法。

引導者：

有數過小羊嗎？

現在，你是個最有愛心的羊爸爸、羊媽媽，你有十隻可愛的羊寶寶要照顧，但是呀，羊寶寶很愛玩，會四處亂跑，你要一隻隻找回來喔！

好，我們只要完成吸氣、吐氣一次，就可以帶一隻羊回家。

準備好要數羊寶寶了嗎？吸氣吐氣，一隻羊；吸氣吐氣，兩隻羊；吸氣吐氣，三隻羊；吸氣吐氣，四隻羊……（可以口頭先帶領一次）

好，現在換你自己練習，你每次數一隻羊，就呼吸一次，就這樣子，從一、二、三、四……一直數到十就可以了，可以用嘴巴唸，但不要有聲音，可以嗎？

如果數忘記了，怎麼辦呢？數丟了沒關係，只要把羊寶寶再找回來就好了，然後再重新從一數到十。

剛才數了幾隻羊呢？
你的羊寶寶有掉了嗎？
羊寶寶找回來了嗎？

小知識

數呼吸

數呼吸，就是古時所稱的「數息法」，也就是數著呼吸的次數。首先，注意呼吸，然後順著呼吸來數數。數呼吸以吸氣與吐氣的完成為一次，以十次為一個小單位，從一數到十。若是專注力無法集中，也可以依狀況彈性調整，孩子若一開始專注力不夠，就先數三次或五次，再慢慢加多次數。

數呼吸也可數呼氣或吸氣，選其中一個來數即可。如果數的是吸氣，當氣從鼻端吸入時，

就數「一」，吐氣時，只觀察著吐氣；當第二口氣要從鼻端吸入時，再數「二」，反覆進行。

如果數息過程忘了數，分了心，察覺後也不知道數到第幾次了，這時就從「一」重新開始數。慢慢地，把注意力集中在數字上面，我們可以內聽自己默數一到十的聲音，注意這個聲音，數到後來，注意力就會慢慢集中了。

心的安定與呼吸的粗細快慢有很大的關係，呼吸氣息越細、越緩慢，心就越能夠安定。所以，透過數呼吸，不僅能調呼吸，也能夠調整心，而心要專注，也要放鬆，並保持一種平穩狀態。

Chapter 3

專注焦點

專注力，就是純淨一心的思緒凝聚狀態。
它能幫助我們有效學習、開發腦力、
淨空思緒與放鬆身心。

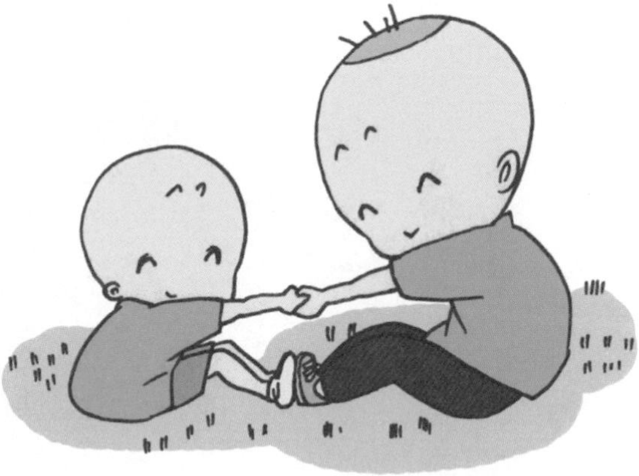

高度的專注力有助於學習的效率。但是，該如何幫助孩子增強學習的專注力呢？專注練習有很多方式，如射箭時要專注凝視某一點，這就是以視覺焦點為中心的練習法，在《射藝中之禪》（Zen in der Kunst des Bogensehiessens）一書中，德國作者奧根・赫立格爾（Eugen Herrigel）描述他學習射箭的過程，就是持續一種專注與放鬆的身心狀態。

所謂專注力，就是純淨一心的思緒凝聚狀態，它能幫助我們有效學習、開發腦力、淨空思緒與放鬆身心。無論在讀書、工作或是運動訓練等，都是需要專注的，而專注焦點的練習，能幫助我們提升效率。

你找到自己的心了嗎？

視覺專注法：瘋狂的小猴子

在引導專注力練習之前，可以先說一個小故事，來引發孩子的學習動機。而校園禪修老師也最常用說故事的方式，讓孩子能夠認真的完成靜心活動。「今天大家都好乖，就來說一個小故事……」小朋友為了聽故事，便會認真地投入情境。

之後，我們可以運用視覺來引導專注力，一開始我們先選擇一個點（某一個物體）作

為專注的對象，持續地看一個標的物，就好像射箭選手必須很專注地看著標靶紅心，這道理是一樣的。

簡易專注法的練習，首先，將兩眼專注到鼻尖，凝視在一個點上，接著，再從鼻尖和嘴巴的注意力，轉移到胸前心臟的位置，同時在心裡也有一個想像的專注點；心的位置是一個比較抽象的概念，所以必須把心念聚焦在被想像的點上。[1]

視覺專注練習圖解：

眼睛注視鼻子、再注視嘴巴、再專注想像心的位置。每一階段都要停留幾秒鐘。

運用視覺專注法來引導，時間只需要一至二分鐘，有些父母每天都會帶著孩子早晚練習，大約經過三個月後，他們可以感受到孩子跟以往有很大的不同，孩子能夠比較專注，情緒比較穩定，課業學習也有了進步。

引導者：

有一個小猴子，非常喜歡攀緣樹枝，並霸佔土地，所以常常和同伴吵架打罵。有時候，小猴子聞到香蕉的味道，就馬上跳過去，嘗了一口，但因為貪吃，牠還搶了別人的食物，就這樣和同伴打了一場混戰。

牠也喜歡聽聽別人講話，但聽到有說牠的壞話，牠就又生氣了，和同伴打起架來。但

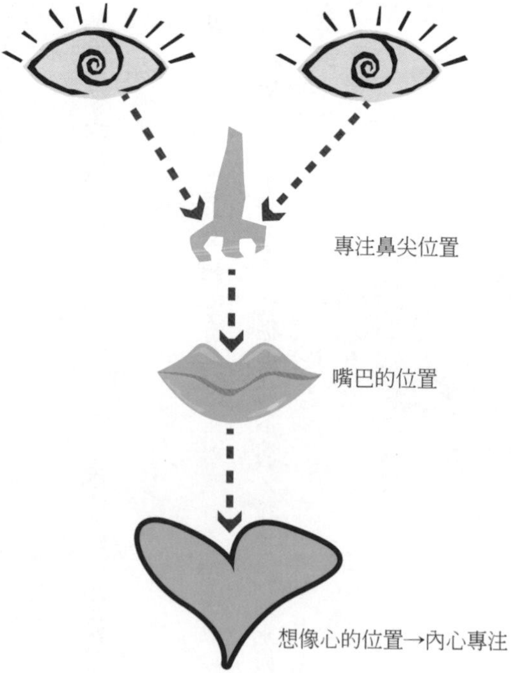

牠並不是每次都打贏，其實牠也常常被打得鼻青臉腫的。

小猴子有點沮喪，在小池邊看著自己的倒影。

這時候，山林裡出現了一位古老的仙人。

古仙人：「小猴子，你知道自己的問題在哪裡嗎？」

小猴子：「不知道！」

古仙人：「小猴子，你想讓自己不容易生氣嗎？」

小猴子：「想呀！」

古仙人：「好，那你聽好了，我有個祕法，請跟著我這樣做。」

你知道仙人教小猴子什麼秘密方法嗎？是孫悟空的七十二變嗎？

想不想知道古仙人教小猴子什麼秘密方法嗎？

好，這個秘密方法是這樣的，請你跟著這樣做。

1. 先把你的身體放輕鬆，兩眼半微閉著，微細地呼吸，吸氣、吐氣……
2. 現在，專心地看著你的鼻尖，凝視著你的鼻子。好，專注地看著你的鼻尖。
3. 好，現在再把注意力向下移動到你的嘴。你也許看不太到你的嘴，沒關係，可以大概想像一下它的位置。好，把注意力放在嘴巴的位置上。

4. 現在，再把注意力向下移動到心的位置上，想一想，你心臟的位置。當然，你看不到心的，但試著去想像心的位置，同時把注意力放在那裡，專注地想像心的位置。

（讓孩子持續幾秒鐘去感受心的位置）

5. 好，現在放鬆身心，注意你的呼吸，吸氣、吐氣……

（暫停，放空幾秒鐘，休息。孩子的專注練習時間無法持續太久，所以約一至三分鐘內完成即可，可以反覆練習剛剛的動作，約二至三次。）

你學會仙人教小猴子的秘密方法了嗎？

這種方法，在很短時間內就可以達到內心安定的狀態。

每次的練習時間不用很久（孩子一開始的專注時間不會太久），只要「一分鐘」，但需頻繁地幫忙孩子每天做二至三次的練習，大約持續三個月左右，便能慢慢看出他們的變化。

小知識

何謂專注力？

專注力的定義非常廣泛，簡單的說，可以包括集中焦點（focalization）和持續性專注（sustained attention）兩大特徵。前者隱含了選擇性注意力（selective attention），這是指個體對情境中的眾多刺激，選取一種或一種以上的外在刺激或內在心理事件加以反應的心理能力。能分辨出訊息的重要性，避免訊息負荷過重；後者隱含了持續性注意力（sustained attention），指對重要訊息的專注持久度。

注意力缺失症（Attention Deficit Disorder，ADD），主要的問題包括：注意力散渙（inattentive）或集中困難（Attention-deficit）、活動量過多（hyperactive）、自制力弱（impulsive）。「注意力缺陷」有時候是對各種刺激不會做適當的選擇，任何的風吹草動，如一隻蟲子飛過，他都會轉移注意力；對於所有的交代和學習，因為無法選擇重點記憶，就會有學習困難。

根據美國精神醫學會（American Psychiatric Association）DSM-IV 診斷標準，注意力缺乏之問題包括：

1. 無法注意到小細節或因粗心大意使學校功課、工作或其他活動發生錯誤。

2. 在工作或遊戲活動中無法持續維持注意力。
3. 別人說話時似乎沒在聽。
4. 無法完成老師、父母或他人交辦的事務，包括學校課業、家事零工等。
5. 缺乏組織能力。
6. 常逃避或拒絕參與需持續使用腦力的工作，如學校工作或家庭作業。
7. 容易遺失或忘了工作或遊戲所需要的東西，如玩具、鉛筆、書等。
8. 容易被外界刺激所吸引。
9. 容易忘記每日的常規活動，需時常提醒。

內在專注力的視覺練習：燭光練習

「燭光練習」的靈感來自於一部名為《KANO》的棒球電影，電影中有一位日本棒球教練對一群台灣的鄉下孩子進行魔鬼訓練，他們每天要繞村子跑，拚命嘶喊著要打進甲子園，教練用這方法來增強球員的意志力。

此外，這位日本教練還用了一招訓練方法，就是每天晚上，在球員練完球後，睡前熄

燈時，於一片黑暗中點亮一根蠟燭，讓所有球員都盯著燭光，並閉上眼睛冥想，教練要求他們不斷地在內心覆誦著目標，如打進決賽或打出全壘打等。這種訓練的目的，是為了激發球員的鬥志，既訓練專注力，也能強化成功的意志。

這個方法也能幫助好動的孩子靜下心來，根據國外學者的研究發現（Schoenberg，二○一四），注意力缺失過動症患者接受靜心冥想治療後，可降低他們過動程度、衝動性，並有效改善其各種行為。

曾經有位非常好動的孩子，心不容易靜下來，但他在運動上的表現相當不錯，由於棒球是他熱愛的運動，在看完棒球電影《KANO》中的燭光練習後，產生了很大的興趣，於是也運用了這種運動冥想來做練習。面對燭光，他慢慢安靜下來，冥想他最喜歡的棒球運動，想像自己打全壘打的畫面（或是投球三振）。

因為是與孩子最感興趣的運動連結，所以讓他很樂於做這樣的靜態冥想練習，在反覆的引導中，孩子終於安定下來，而且狀態越來越穩定。冥想練習後，他在運動上的表現也越來越好。

所以，好動的孩子一樣可以有安定下來的能力。規律的運動再配合上靜心冥想，確實能達到身心平衡狀態，事實上，運動也會讓腦部朝正向發展。

讓效果更好的事前準備

還記得每次慶生歌唱完的場景嗎？此時燈光熄滅，只剩燭光，這時候壽星會在內心想像自己的願望，焦點就鎖在唯一的燭光上，這就是我們要的感覺。

之所以會以燭光做專注力練習，就是在減少其他視覺的干擾，而且燭光比較容易讓視覺聚焦，讓人進入寧靜狀態。若要進行練習，得準備一盞燭光，如果不方便使用蠟燭，也可用小燈泡或發光物品取代。

營造放鬆和寧靜的環境，可使用輕音樂和自然植物精油作輔助。將蠟燭點亮，燭光與身體的距離約一隻手臂的長度，讓四周暗下來，只用燭光或小燈照明。

燭光殘像訓練

我們可以在晚餐前或是入睡前，做簡短的燭光專注練習。在寧靜溫馨的環境下，身體慢慢地放鬆，按摩一下眼睛四周，上下左右轉動眼球。

讓小朋友注視燭火大約三十秒左右，然後輕輕地閉上雙眼，在閉上眼後，腦內視覺影像將會出現火焰的殘影，請孩子專注集中在這個火焰殘留的影像上，剛開始這個影像或許會不穩定，但持續專注可使它緩緩穩定下來。

如果影像無法再出現時，可以讓小朋友張開雙眼，再度凝視燭光。重複幾次這樣的程序，凝視燭光時間不宜過長。結束時，再用雙手摩擦按摩雙眼與臉部。

引導者：

好，眼睛注視著燭光，眼神專注，盡量不要移動。

把你的專注力放在燭光上，如果分心了，就再把心念帶回來。

好，把眼睛閉上，這時候，你看到了什麼呢？有沒有看到蠟燭的光呢？

好，持續看著它……燭光還在嗎？

如果這個火的影像消失，你可以試著再將它帶回來。

這個練習是藉由燭光殘影，讓心念集中在一個焦點上，如果沒有這樣的環境，簡單的應用色系的視覺殘留也是可以的（如看紅色的東西，而產生視覺殘留是綠色）。

小知識

燭光練習

類似這種燭光訓練，也稱燭光殘像訓練，在古老的瑜伽練習中，又稱為燭光凝視法（Trataka）。可見這是一種古老時就被採用的訓練方式。如果我們把它應用在提升專注力或喚醒意志力上，會有很大的幫助。

Trataka 在梵文中意思為凝視，是傳統的瑜伽淨化練習方法之一。持續地盯著一個視覺刺激物，目的在進入專注狀態。傳統的作法是盯住蠟燭的火苗。火苗的光給眼睛強烈的視覺印象，閉上眼睛時，這個形象能輕易地保留在腦海中，經過訓練，視線會保持持續的集中。

在瑜伽中，它指引心全神貫注地朝向某一對象，以維持不散亂的專注能力，幫助清除混亂的心，讓雜念沉澱排除干擾。

增強自信心的祈願法

燭光凝視的訓練不只用在專注力訓練，在棒球電影《KANO》中，棒球教練更用來激勵球員的意志力。這種專注練習，是透過有效地聚焦在小朋友關心的事物上，來達到目的。體育技能的想像是運動員常常用來自我激發潛能的方法，它被稱為心象或影像訓練（Imagery training）。選手運用所有的感官，去想像運動情境經驗，然後在腦海中進行演與重現。

除了運動之外，它也能增強其他各方面的信心，如考試、學習能力、演講等等，我們可以想像考試時很順利地完成，或是想像很自然地學會了某一種技能等，這就是一種自我心理暗示的運用。

引導者：

你有什麼願望或想達成的目標呢？（讓孩子回答）
好，先凝視著燭光，然後把眼睛閉上，專注心中的燭光。
（先練習專注力，接著再進行目標想像）
好，接著想像你正準備要揮棒的樣子，想像你很順利打出一支全壘打了。
（想像內容依他們設定的目標，給予小朋友充分的時間去想像整個過程）
完成了嗎？
要再想像一次嗎？
可以把你想像的過程描述一下嗎？
（讓小朋友描述成功經驗）
現在，有沒有對自己比較有信心了呢？要再練習一次嗎？或是練習其他動作？

有時候，指導孩子克服學習的恐懼感，也是一種「引導暗示」。所以，我們可採用這個方法來增加孩子的自信心或意志力。

小知識

心象訓練

心象訓練，或稱影像訓練（Imagery training）、心理技能訓練（mental training）等名詞。它的廣泛概念包括視覺化、觀想、心智複演、意象訓練及心智訓練。心象訓練法，是指在沒有實際活動的情況下，在腦海中重演一些感受過的動作，如棒球選手。閉上眼睛，坐在椅子上去想像擊球的動作，就是正在進行影像訓練了。透過影像訓練，運動員就能夠在記憶中再次經歷一些過往的景物或事件，它是在內心對自己所做的動作，在沒有實際身體的動作情況下，透過想像，在大腦中去重複一個經驗。

根據西方學術過往三、四十年來有關的研究，大部分研究均顯示，這樣的訓練有助於增進運動表現。其中包括了對籃球的投籃、足球的定點射球、游泳的起跳、擲飛標、落山滑雪、空手道技巧、排球和網球的發球、高爾夫球運動等，都有增進表現的效能。

Chapter 4

放鬆暗示

「動中禪」是一種動作中的覺察，
清楚整個動作中身心的連續變化過程，
「身在哪裡，心就在哪裡」。
清楚每一種感受，享受身心的放鬆，
從局部運動到全身放鬆。

這是一種柔性伸展操，除了使肢體筋絡獲得舒展外，最重要的目的，是在培養我們對身體感受的覺察力。根據「動中禪」的練習，每個動作都要放慢，並觀察身體的感受。

我記得有一位帶桌球隊的劉老師，他在桌球指導的過程中融合了動中禪原理，再配合靜坐練習，這樣動靜交錯的訓練方式，讓選手們的穩定度與敏銳度都有了進度。

優秀的運動員在快速的動態中即具有高度覺察力，他們除了運動表現不錯外，學校成績也是極為優異，可見適度的運動可以開發腦力。

禪修並不是只有止靜的狀態而已，動中的覺察也是非常重要的，透過慢動作去覺察身心感受的變化，然後慢慢進入專注狀態。動中禪的概念，便是讓我們在動態中保持覺察力。

引導的重點

1. 感受身體的鬆緊感受：覺察身體每一寸肌肉在伸展時的拉力，有時身體會較為緊繃，有時筋脈會慢慢鬆開，而有放鬆的感覺。
2. 培養覺察力與專注力：每一個動作過程都要持續幾秒鐘，用這樣的方法，不斷把心拉回，持續的地「覺察」。

「動中禪」是一種動中的覺察，清楚整個動作中身心的連續變化過程，「身在哪裡，心就在哪裡」。清楚每一種感受，享受身心的放鬆，從局部運動到全身放鬆。

動作要領

1. 保持「清楚」或「覺知」狀態，收回散亂的心，從散亂到專注。
2. 練習把心安住在身體動作上，覺察身體肌肉，從緊張到放鬆的過程，並使身體慢慢呈現鬆弛狀態。
3. 將身體局部的放鬆擴大到全身的放鬆，持續放鬆身心，最後達到身心合一。

（「八式動禪」是一種非常典型「動中禪」練習，可以參考 Youtube「法鼓八式動禪」影片，有站姿與坐姿）

和自己的身體共舞

在指導靜坐前，禪修教師通常會帶領小朋友先做幾個簡單的肢體伸展動作，引導小朋友先把注意力放在身體的覺察上，很自然地讓孩子把心慢慢收回。一邊動作，一邊提醒孩

子覺察身體的感受，每一個動作都要放慢、放緩，並持續短暫的觀察時間。

另外，也可以透過親子按摩，透過肢體語言去讓孩子感受到被愛、溫暖，試著把愛的能量傳遞給孩子，使他們更有安全感，這也是增強孩子情緒穩定度的方法。

洗洗頭、洗洗臉

臉部與頭部放鬆對情緒穩定很重要，臉部與頭部的按摩，可以放鬆大腦，非常適合學習或工作疲累時進行。

帶領孩子按摩頭臉部，並專注去感受臉部肌肉與頭部。利用一兩分鐘時間的口語引導，孩子的心就可以漸漸安定下來了，這是一種促進健康又能有安定孩子身心的方法。

練習時，把注意力引導在皮膚觸覺與肌肉的受力感，讓小朋友專注這種感受上，使皮膚觸覺或肌肉的受力感成為一個專注的焦點。

引導者：

請把雙手搓熱，眼睛閉上，好去感受雙手的熱度，好，按壓眼睛四周圍，讓自己慢慢放鬆……很好，現在請你把專注力放在手指按壓的力道上，感受臉部肌肉的感覺。

（接著，再引導按壓鼻子四周圍的穴道、按壓頭頂中央及其四周，與後腦、額頭、太陽穴以及臉部等，以及耳朵周圍的穴位，然後一直延伸到頸部）

非常好，用雙手按壓頭部，讓頭部慢慢放鬆。

好，先深呼吸，去感受放鬆的感覺。

（留一點時間，去感受按摩後，臉部肌肉的放鬆）

好，再一次把雙手搓熱……

（以下以同樣的口訣內容練習）

現在，有什麼感受呢？有放鬆的感覺嗎？

當孩子情緒不太穩定時，還可以幫孩子簡單的按摩頭部與身體，這樣可以鬆緩他們情緒，平時也可以透過親子互動按摩，來增進彼此情感的交流。

長頸鹿伸脖子

肩頸的伸展能促進頭與身體的氣血循環，是很關鍵的部位。

首先，放鬆肩頸，接著把注意力集中在肩膀和頸部肌肉的感受上，專心感受每一個動作所帶來的肌肉伸展變化，讓它成為一個聚焦點，並培養專注力與覺察力。

肩頸部伸展的主要方向有：上仰、下俯、右傾、左傾、右轉、左轉，最後可以順逆方向慢慢旋轉頭部。請以同樣的口訣內容練習。

引導者：

有沒有看過長頸鹿伸脖子呢？

好，先深呼吸，我們先聳聳肩膀（聳起肩時，引導孩子感受緊的感覺，肩放下時，引導孩子感受鬆的感覺），好，放下。

現在我們來當長頸鹿，來，轉轉你的脖子。

慢慢把頭部向右傾斜，眼睛可以半閉，好，慢慢放鬆你的肩膀和脖子，很好，可以再斜一點，再低一點，很好。（這時肩膀和頸部會有一種拉力）

感受肩頸伸展的拉力

現在去感受肩膀和脖子的拉力，很好，有什麼感覺呢？是放鬆還是緊繃呢？

好，慢慢鬆開你的肩膀和脖子，非常好，去感受它的鬆緊。

現在，把頭部慢慢回正，好，去感受一下你的肩膀和脖子肌肉有沒有比較放鬆？去感受放鬆的感覺。（留一點時間，去感受伸展後，肩膀和頸部肌肉的放鬆）

我是不倒翁

手臂與腰部的伸展，重點在腰間兩側身體拉力，從手臂、腰到腿，這些部位連成一線的拉力，是很重要的筋絡線，腰部連結上半身與下半身氣血的樞紐位置，帶動我們全身的放鬆與氣血循環。

練習方法主要在感覺手臂、腰與背部的伸展拉力。身體鬆緊仍然是要觀察的重點。從對身體的覺察練習，來培養覺察力與心的專注力。手臂與腰部的伸展有四個方向（上、下、右、左），最後身體可以來一個大旋轉。

引導者：

有沒有看過不倒翁呢？

現在，我們就來學習不倒翁的擺動。把你的雙手向上伸直，兩手手指交叉，掌心向外張，兩手臂伸展拉直。好，再拉直，感覺是放鬆還是緊繃呢？去感受身體給你的感覺。

（持續約十至三十秒，去感受到手臂與腰部的拉力，將注意力放在身體、手臂與腰的拉力上）

好，身體向左方彎，很好，再彎，再彎低一點，很好，慢慢地拉，再彎低一點，手臂要拉直喔！感覺放鬆還是緊繃呢？去感受身體給你的感覺。

（持續約十至三十秒，去感受到手臂與腰部的拉力，將注意力放在身體、手臂與腰的拉力上）

好，現在身體慢慢回正。好，放鬆你的身體，放鬆你的手臂與腰。

好，先深呼吸，去感受一下放鬆的感覺。

（留一點時間，去感受伸展後，手臂與腰肌肉的放鬆，以下以同樣的口訣內容練習）

小朋友正感覺自己在放鬆，讓他們去感受那種放鬆，給一點時間放鬆身心，放空幾秒鐘。

親子不倒翁
左右擺動

向上伸展
向下彎曲
左右擺動

擁抱大自然

展開雙臂在空中畫一個大圓，並深呼吸，如同「氣球的想像」，可以想像有一股大圓球氣圈將我們包圍。當我們伸展雙臂，想像自己的身心正在擁抱著大自然。

引導者：

好，展開我們的雙臂，深呼吸，吸氣，吐氣。深呼吸，吸氣，吐氣。

伸展雙臂，想像自己正在擁抱大自然。

感受自己的身體與大自然融合在一起的感覺。

展開雙臂擁抱
大自然呼吸

在大自然裡
呼吸練習

金雞獨立

單腳獨立動作可以挑戰我們的平衡感，也是平衡身心重要的練習。單腳平衡能力被認為是腦部健康的一個重要測試，科學研究指出，一個人的單腳站立能力太差，可能與大腦異常有關，如腦部疾病及認知能力，如京都大學基因醫學中心田原康玄等學者的研究發現，如果單腳站立時間無法持續二十秒以上，出現腦部病變的風險機率較大。英國醫學研究委員指出，中年人能夠閉眼單腳站立十秒以上，是可以保持較長久健康。

單腳獨立姿勢有很多種，主要在身體平衡感的練習，持續約十至三十秒（時間可以自由調整），讓孩子練習金雞獨立的姿勢，有助平衡感與身心的穩定度。小朋友練習一段時間後，穩定度與專注力會有明顯提升，思考能力也會增強，其實成人、老年人也是一樣的。

親子一起練習
單腳獨立動作

單腳平衡練習

親子互動按摩

有些父母們常會遇到孩子情緒不穩定的狀況，如亂發脾氣、愛哭鬧、大吼大叫等，他們對小孩無法穩定的情緒完全束手無策，十分困擾。

有一位許媽媽就常常遇到孩子容易暴怒哭鬧的情況，後來她每天晚上在睡前用手按揉、撫觸孩子，幫孩子抹上乳液輕輕搓揉，經過了約一、兩個月後，孩子不安定的情緒有了改變，愛生氣與大叫的狀況漸漸消失，性情也變得比較柔順，情緒慢慢穩定了下來。

所以，當孩子情緒不穩定時，我們便可以透過肢體的互動，來表達愛與陪伴的安全感。當孩子被愛的能量充滿時，他們將會更趨向安穩與滿足。

親子互動按摩的主要功能，在強化親子之間愛能量的互動，我們可以試著透過一些簡單的動作來傳達愛的能量，讓孩子相信自己是被愛的。

在戶外休閒時，我們可以找一個空曠的草地，親子共同做戶外伸展操，不僅可以舒展身心，也可以增進彼此的感情。如果是在室內，只要有適當的空間，一樣可以練習。

首先，可以從頭部、臉部（眼袋周圍、鼻子旁）、耳朵旁穴位、肩頸部位的按摩開始，

親子也可以相互按摩。

許多研究報告也顯示，能感受到自己被愛的孩子，會比較有安全感，情緒也會比較正向，他們容易感到自信，人際關係也比較好。在許多有關嬰幼兒的研究中發現，常被擁抱與撫摸的孩子，在情緒上會比較穩定。撫觸也會增進了嬰兒情緒的穩定發展。

我們一起大手拉小手

先一起聳聳肩膀，讓肩膀放鬆，再互相按摩肩膀。接著，親子手牽手，利用身體的重量，將肩膀與手臂的筋脈伸展開來，在拉的過程中，讓拉的動作多停留幾分鐘，去覺察身體兩側拉力的感覺，並享受那種伸展的感覺與樂趣。

「我拉！我拉！我拉拉拉！我們一起拉小船！」也可以彼此坐在地上，腳和腳互踩，雙手互拉，可以同時伸展手臂、背腰，以及腿部等等。

利用這種親子互拉的方式，鬆弛筋脈，使身心更舒暢，同時，更可以增進親子之間的情感交流，這是一種簡單就能滿足的幸福感。

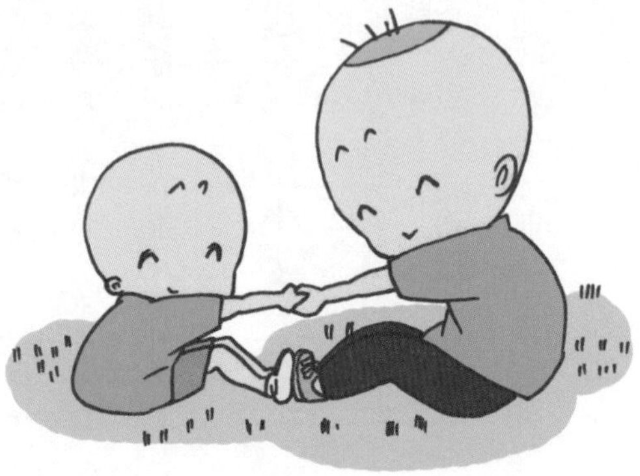

我們一起拉小船

雙手互拉

我們一起飛上青天

在草原上，看著藍天，我們可以跟孩子說：「飛起來吧！我們飛起來吧！」這是一種擴胸伸展操運動，我們可以拉著孩子的兩手，雙手一起向上伸展開來，和孩子一起向上仰，並把胸部挺出來，**讓孩子的胸可以充分擴展，使孩子增加自信心**。放開心胸一起看藍天和白雲，這可以讓心情開朗起來，並拋開所有煩惱和壓力。帶著飛翔的想像力，讓心情更愉悅，增加做伸展操時的樂趣。

另外，我們也可以用兩人互背的方式，伸展胸與背部腰脊椎，讓孩子可以藉此舒展前胸與背腰脊椎，但要避免太陽的強光，以免傷及眼睛。互背伸展時，手臂要有足夠的暖身練習，兩臂與身體都要自然放鬆，注意力放在全身伸展的拉力感受上。讓身體處於放鬆與平衡感的狀態中。

引導者：

想不想像小鳥飛起來呢？

我們一起來飛翔好嗎？

深呼吸一口氣，好，伸展你的手臂，我們飛起來吧！飛起來吧！

（小朋友正伸展雙臂，努力地飛翔著）

我們可以再飛高一些，再飛高一些，腳可以踮高一點，好去感受你的手臂伸展的感覺，你手臂的肌肉有一點緊繃的感覺。去感覺你的胸、背、腰、脊椎伸展開來的感覺。

（小朋友正在感覺自己身體的伸展）

好，現在我們要向下飛，找一個地方休息，慢慢地把雙臂放下，身體慢慢放鬆下來，深呼吸，放鬆、再放鬆，很自然地放鬆。去感覺放鬆的感覺。

（小朋友正感覺自己在放鬆，讓他們去感受那種放鬆，給一點短暫的時間放鬆身心，什麼都不想，放空幾秒鐘）

一起飛上青天

我們變成鏡子了

當孩子專注力無法集中時，動作模仿練習也是很有效的方式，它讓孩子能瞬間專注於模仿動作，他們也會覺得有趣味，特別是幼兒或低年級，同時也可以培養觀察力與敏銳度。

「鏡子遊戲」是常被應用的專注力遊戲。鏡子遊戲就是一人當鏡子，並模仿另一個人動作，如同鏡中人一樣。

在活動中，讓孩子想像自己是一面鏡子，模仿父母或引導者的動作，剛開始給孩子的動作可以簡單一些，動作速度要先放慢，等孩子熟悉，反應增強後再加快（也可以互換角色，讓孩子更有創造力）。我們藉由此視覺集中注意力，來增強孩童的反應力和敏銳度。

動作難度應由簡易漸漸增加難度，可從單一動作到連續動作。動作開始前要暗示一下對方，可以用一些口語，如「我變、我變、我變變變」，或「一、二、三木頭人」。引導者要注意孩童的動作反應力，如果孩童沒有跟上，則要等孩童把動作完成，再進行下一個。

引導的重點

1. 先練習深呼吸，保持專注。
2. 引導者可以先設計五到十個簡單的動作，如舉起雙手、雙手抱胸、抬腿等等。
3. 引導者進行動作時，要觀察孩童的動作是否能跟上。
4. 可以提高動作難度，也可以角色互換，由小朋友來做動作。

---

1. 這個專注焦點法：眼觀鼻、再觀嘴、觀心，在古老禪修經典中就有提及。在靈鷲山的「九分鐘禪」也運用了這個方法。可參考 Youtube 靈鷲山「九分鐘禪」，從深呼吸到眼觀鼻、觀嘴、觀心，再到心無所觀，然後聆聽寂靜。

Chapter 5

引導暗示

正向的暗示可以幫助人們穩定情緒、建立自信心、戰勝困難和挫折。暗示也包括與自己的內在對話，它可能是一種自我啟動指令。甚至具有潛能激發與催化效果，並產生行為。

什麼是引導暗示呢？它用利用語言引導，來激勵潛意識，對人們的心理和行為產生影響。例如，我們不斷重複地說某種信念的語言（如我很放鬆、我做得到……），就會產生心理暗示作用，潛意識也會不斷地吸收這樣的暗示。

正向的暗示可以幫助人們穩定情緒、建立自信心、戰勝困難和挫折，而負面的心理暗示也會帶來壓力與痛苦，如冷漠、沮喪、否定等。例如，能喚起病患對生命充滿希望與熱情的態度，那他就有機會出現康復奇蹟，但如果讓他一直覺得自己沒有復原的希望，那他的細胞機能就不容易康復。

我曾經使用過這種暗示法，去引導癌症的母親產生正向思考，激勵她對未來充滿希望，增強一個人對生存的意志力，這就是心理暗示效果。

暗示也包括自己的內在對話，也就是自我暗示，它可能是一種啟動指令，甚至具有潛能激發與催化效果，並產生行為，當潛意識與信念達成一種共識，便會展開行動力量。

根據哈佛大學神經科學家的實驗研究，透過核磁共振掃描，發現引導式冥想和靜心融合練習，能提升大腦多元功能，如學習記憶、情感調節、自我意識和洞察力等相關領域。

我們在這裡應用的引導暗示是放鬆身心，使身心柔和寧靜；其次，我們也可以把引導暗示運用在信心的建立。透過語言來引導，讓孩子能專注於冥想情境中。

放鬆你的神經細胞

為什麼要引導「放鬆」呢？因為身心在安定、平穩的狀態時，神經與細胞是放鬆的；躁動焦慮時，神經與細胞是緊繃的。放鬆是現代人很需要的練習，讓孩子學習自我放鬆的方法，能有助於他們平穩自己的情緒，調整外在壓力。

安排好舒適的環境，讓空氣流通，燈光柔和，淡淡芳香，配合身心放鬆的音樂，引導時，使用輕柔悅耳的聲調，速度放慢，讓孩子內在的世界跟著我們的語言來進行，讓心寧靜下來。

這種語言引導暗示，可以讓孩子迅速寧靜下來，這種瞬間自我寧靜的方法，也可以在短短的一分鐘內完成，如校園「心寧靜運動」就是一個相當成功的案例，從幼稚園到國中，成效都相當不錯，在 Youtube 上也有具體的成果分享。[1]

校園「寧靜運動」的方法很簡單，只運用一分鐘的引導，就讓孩子很快寧靜下來。不過，我認為重點是在持之以恆不斷反覆地練習，效果才會彰顯。

「心寧靜一分鐘」（播放引導錄音一分鐘，可參考 Youtube 影音）

我們這樣做

1.「深呼吸↓合掌↓放鬆↓寧靜下來、寧靜下來、寧靜下來↓我們的心回到原點。」配合以上的口訣做動作即可。

2.合掌就是「雙手合十」，這是人類最具善意的動作，是生命最具能量的手勢，在合十中發現寧靜的心，為自己與世界祈福。

動作的優點

1.能夠快速的轉換情緒，讓心很快可以寧靜下來。
2.簡單的口訣容易學習與記憶，可以成為寧靜的習慣方法。
3.沒有任何時間地點、場地的限制，不論行住坐臥皆可做。
4.從「心」的寧靜出發，讓自己與別人都能和諧與平安。

（取自靈鷲山網站）

小知識

放鬆訓練

放鬆訓練（relaxation training）是以暗示語調節呼吸，使肌肉得到充分放鬆，從而調節中樞神經系統。這概念來自於美國芝加哥生理學家雅克布森（Edmond Jacobson）首創的漸進放鬆（progressive relaxation）方法，以及德國精神學家舒爾茲（Jobannes Schultz）提出的自我放鬆（autogenic relaxation）方法。

放鬆練習方法的共同點是：注意高度集中於自我暗示語或他人暗示語、深沉的腹式呼吸、全身肌肉的完全放鬆。

一般而言，放鬆練習的作用為降低情緒緊張而產生的過多能量消耗，使身心得到適當休息，並加速疲勞的恢復。

放鬆的暗示冥想

放鬆的冥想在戶外或室內皆宜，選擇寧靜的環境，先簡單練習肢體伸展操，放鬆練習的姿勢沒有任何限制，坐姿、躺臥都可以，可以用柔和音樂作為背景，等一切就緒後，讓孩子眼睛閉上，跟著我們的引導來練習。

我們要慢慢地說，聲音放柔放緩，一次次有耐心地反覆說，關鍵字彙要重複說，如「放鬆」、「放鬆」，要不斷地重複暗示，才能讓「放鬆」概念進入潛意識。

引導者：

來，做一次深呼吸，很好。眼睛閉上，想像，你的身體開始慢慢放鬆了，放鬆、放鬆，對，就是這樣，再放鬆，慢慢地放鬆。很好，就是這樣慢慢地放鬆。

暫停一下，讓孩子聆聽柔和音樂，使他慢慢進入情境。

接下來，你的身體從頭到腳，由上至下，一個部位一個部位慢慢地放鬆。

先從頭部開始放鬆、再放鬆、慢慢地放鬆，感受你的頭部已經放鬆了。放鬆、再放鬆、慢慢地放鬆（其他部位都可以用同樣的方式來進行）。

現在，你身體所有的細胞也放鬆了，放鬆、再放鬆、慢慢地放鬆。

你所有的細胞放鬆了，順著你的呼吸，身體慢慢放鬆，你的心也慢慢寧靜下來了，你

的心寧靜下來了。（以下重複）

暫停一下，保留放空的休息時間。

每說完一小節要稍停頓，休息一下，聽一下柔和音樂，再繼續。充分地放鬆容易入睡，所以可以在睡前練習。

我是風的冥想

先讓孩子體驗到風吹在身體上的感覺，透過皮膚、毛孔感受風，對風的觸感產生印象，風讓人感覺就是放鬆自在，運用風的特性讓身體慢慢放鬆。

讓孩子眼睛閉上，先感受風吹在身上毛孔的感覺，感受一下風的吹拂。

引導者：

來，做一次深呼吸，再一次，緩緩地、深深地呼吸，讓自己的身體放鬆。

想像你的身體放鬆……完全地放鬆……你所有的肌肉都放鬆了，變得鬆軟了……從頭到腳所有的神經都放鬆了。

你像一顆洩氣的氣球……氣體飛到空中……你完全鬆軟了……完成放鬆了。

你像空中的風，很放鬆……很鬆……

你像空中的風，飄著，飄著……

暫停一下。

風吹著你，有什麼感覺呢？

你呼吸著，像一陣風，放鬆地飄著，自由地飄著……

好，現在從頭部開始放鬆、再放鬆、慢慢地放鬆，感覺你是空中的風，飄著，飄著……

（可以選幾個部位來做練習即可）

暫停一下，休息，使孩子慢慢吸收放鬆概念。

身體有放鬆的感覺嗎？

好，你的所有的毛細孔也放鬆了，你的所有的頭髮及毛細孔是空中的風，飄著，飄著……你的身體放鬆……完全地放鬆……

暫停一下，保留一些空白的休息時間。（以下重複）

風的練習，可以選擇戶外有微風的地方做練習。如果是室內，可用電風扇來取代。也可以聆聽柔和音樂，慢慢進入情境，回憶風的印象。

我是雲的冥想

選擇在戶外寧靜的環境，躺在草原、仰望藍天，先讓孩子先看看天空的白雲，感受一下白雲變化的美。如果在室內，可以看照片、影片，或是摸摸棉花枕頭，利用柔軟的棉質東西，想像雲朵鬆軟的感覺，對雲的視覺或觸覺產生印象。

無論是風的觸覺或是雲的視覺，運用感官與大自然連結，透過感受大自然的特性，進入身心靈的平衡。

引導者：

看看遠方的白雲有什麼變化呢？它像什麼呢？

雲給你什麼感覺呢？

好，來一次深呼吸，很好。再一次，緩緩地、深深地呼吸，身體放鬆。

想像你就是一片雲，鬆鬆地，軟軟地，很放鬆，很鬆軟地……
是的，你是一片雲，飄在空中，你的身體是一片雲，很鬆、很鬆、很鬆。
你的身體放鬆……完全地放鬆……從頭到腳所有的神經都放鬆了……
想像你是一片鬆鬆軟軟的雲，很鬆軟地飄著……
你是一片鬆鬆軟軟雲，鬆鬆地，軟軟地，飄著，飄著……
暫停一下。
好，再來一次深呼吸，很好。現在感覺你好像鬆鬆軟軟的雲，開始放鬆、放鬆、再放鬆、慢慢地放鬆，鬆鬆地，軟軟地，飄著，飄著……
暫停一下，休息，再好好地看一下天空白雲，讓孩子慢慢吸收放鬆和美的感覺。留一些放空的休息時間。

讓孩子去欣賞或想像白雲變化的美，讓自然美感留在心中，調柔身心，慢慢進入情境。

增進自我信心的冥想

你是溫暖熱情的光芒

在大自然能量訊息中，光是一切能量的來源。陽光象徵著溫暖熱情、自信、開朗等，能增強我們的自信，引導光的冥想，能讓孩子能吸收光的能量，增強自信的人格特質。因此，**增進自我信心的方法可以採用光的冥想**。

在戶外有陽光的地方，先讓孩童看看朝陽或夕陽，體驗日曬的感覺（朝陽與夕陽，太陽光不宜太過強烈），讓孩童對光建立印象概念。陽光照在身上時，會提供能量，覺察到陽光在皮膚上的觸感與溫度感。如果在室內，可以看小燈或燭光。

光是一種能量意象的暗示，光的冥想能讓身心感受到能量充滿。直接想像光明，也能暗示我們的潛意識，啟動自我療癒的潛能。我在協助母親療癒乳癌時，是引導她先放空自己，放下自己的身心，慢慢沉靜下來，讓心靈影像慢慢浮現圓形光體（如夕陽、滿月、水晶球等物象）。想像這圓形光體，讓內心專注於圓形光體，想像這光體越來越大，光明的能量越來越強，充滿全身。

練習前，讓孩子感受一下溫暖熱情的陽光。欣賞晨光與夕陽（陽光不能過於刺眼），讓孩子去感受一下陽光的溫度，讓陽光的印象留在心中。

引導者：

我們一起來曬太陽，有感受到陽光照在我們身上嗎？

陽光給你什麼感覺呢？

好，來一次深呼吸，很好。再一次，緩緩地、深深地呼吸，讓自己的身體放鬆。緩緩地、深深地呼吸，讓身體放鬆。

想像你的額頭有一團圓光，在你的兩眉毛之間，有一點微光……

眉毛之間的微光，越來越亮，越來越亮，越來越光明……

像太陽的光，照遍你的身體，你的身體充滿光，充滿能量，你就是溫暖熱情的光芒。你的身體充滿著光。

有感覺身體溫熱嗎？好，來一次深呼吸，很好。讓自己的身體放鬆。

好，放鬆、慢慢地放鬆。去感覺你身心充滿著光，充滿能量。

（好好地感受陽光的溫度，讓孩子慢慢吸收光能量）

現在，你所有的毛細孔也放鬆，開始放鬆，感覺你的所有的毛細孔充滿著光，充滿能量。你就是溫暖熱情的光芒。

緩緩地、深深地呼吸，讓自己的身體放鬆，充滿著光，充滿能量。你是溫暖熱情的光芒。

讓你的身體放鬆……完全地放鬆……充滿著光，充滿能量……

說明完後，要稍停頓，用光的印象來感覺身體能量。

暫停一下，保留一些放空的休息時間。

小知識

光的能量

光以波傳送能量，光源所以發出光，是因為光源中原子有熱運動、輻射。有關光的能量，在物理研究中有一些計算公式。它說明了光是一種能量形態，這代表光是非常重要的能量來源。

根據醫學研究報告指出，陽光能製造維生素D，也能增強人體對鈣和磷的吸收，可幫助好眠、好心情、降血壓。但也有人指出，日曬會增加皮膚癌等病變，事實上，只要選對時間，以晨光或傍晚的柔和夕陽光，最適合我們練習，身體適度吸收陽光是需要的，但不能過度。

讓我們從運動中找回自信

針對好動或運動神經細胞特別好的孩子，是非常適合運動技能的冥想練習。如果孩子靜不下來，也可以讓他們透過運動來平衡身心。

運動技能冥想概念是來自於運動心理學，這是訓練專業運動員的方法，一般人以為運動員只有動態訓練，其實運動員訓練還有靜態的冥想。冥想可以開發內在潛力，幫助運動員的動作更為敏捷與流暢。

這種結合運動與寧靜的冥想，也是一種平衡身心很好的方式。採用動態與靜態的交錯運用，在動靜之間找到平衡點，自然地達到最佳的身心狀態。

運動神經細胞特別好的孩子，在運動之後，配合冥想，便可以提升他們的內在心理素質。

引導者：

請預備你的動作，深呼吸，好，想像你正要開始「○○」（可能是投籃、舞蹈、體操、武術動作等等）。好了嗎？

好，先選一個簡單動作，開始想像你正在完成「○○」（某一種動作，可能是拍打球、游泳動作、也可能是跳一支舞，或是連續性體操、武術動作等等）。

停頓一下，讓孩子想像自己完成已經了一種運動。

完成了嗎？

你可以描述一下你的想像過程嗎？（讓小朋友描述自己想像過程）

好棒！要再練習一次嗎？

運動的選擇不適合過於激烈或具有傷害性，可以選擇如體操、舞蹈、武術、游泳、羽球、桌球、扯鈴等。假設孩子有一個固定的運動，我們就可以搭配運動技能的冥想。

簡單突破學習心理障礙

針對學習有困難的孩子，因心理上的學習障礙，如英文老是背不起來、數學問題的理解感到吃力等。我們便可以做學習能力的冥想練習，來強化其學習能力。首先，我們和孩子溝通，了解他的學習困難與心理層面的障礙。先選擇一項來練習。在引導過程中，我們不斷運用正向語言來暗示，如「你可以完成的」，讓孩子增強信心，讓他們相信自己做得到。

冥想練習的關鍵，就是「突破學習心理障礙」，把原本認為自己做不到的，轉變為可以達成的信念，激發出學習潛能。

練習方法是，先找一個過去「成功的案例」，先建立初步信心，目的是讓他們相信自己是做得到的。當成功的經驗建立後，再複製到未來的想像，從潛意識開始建立信心，來幫助他們的學習。

過去，我們常會遇到孩子有記憶英文單字的問題，只要一遇到考試就會忘記，這已經影響到他們對語言的學習。突破他們的學習心理障礙，冥想後可以讓他對背單字降低恐懼

感與挫折感。練習一、兩個月後，孩子建立了信心，背單字的能力提升很多，原本只能記憶三、四個新單字，後來慢慢增加到十多個新單字。

引導者：

先閉上眼，想一個你會唸也會拚的英文單字。想好了嗎？

把它唸出來，拼出來。

讓小朋友順利地把單字唸出來，也拼出來了。先建立信心。

很好，你完成了。現在你再唸一次，仔細聽自己的聲音。

小朋友再唸一次，並仔細聽自己的聲音。

很好，你完成了。現在你再拼一次，在腦海中一邊想像那個單字的字母。

小朋友再拼一次，並腦海中一邊想像那個單字的字母。

很好，你完成了。你唸出來了，也拼出來了。現在你想像自己學會了更多單字。

想像你都唸出來了，也拼出來了，想像你會唸好多單字，也都會拼那些單子。

給一點時間，讓孩子建立信心。

你想像自己完成很多單字了嗎？

好棒！（拍拍手）
以下反覆練習，可以不斷增強信心。
這種方法也可以用在克服潛意識對數學問題的恐懼，孩子在克服了「心理障礙」後，對數學的學習開始產生興趣，也會有所進步。

1. 例如宜蘭的凱旋國中，就是全校推動，學生、老師、校長在 Youtube 上分享了他們的練習成果。凱旋國中陳志勇校長認為，在舉辦全校心寧靜運動後，能更深入地了解師生的反應，在寧靜活動的問卷調查結果中，選擇「覺得自己在寧靜時有收穫」這個項目的同學，高達百分之九十六，幾乎全校的學生都能從中感受到自己對班上有所幫助。寧靜活動成果超乎預期，它成功的成為凱旋師生在學習和生活的一部分，共同感受到寧靜的力量。幾乎所有外賓來到學校，看到孩子們寧靜的場景，都非常的驚訝。（轉載：宜蘭縣凱旋國中二〇一三年六月份第四十四期《樂讀凱旋》校刊。《健康雜誌》也曾專刊報導）

Chapter 6

感官覺察

感官覺察就是運用每一種感官功能的感受性，
喚醒我們的覺察力，
保持一種清楚明瞭的開放狀態，
這有助於心智更加敏銳。

所謂感官覺察，就是透過我們的感官（眼睛、耳朵、鼻子、舌頭、皮膚）的功能，來覺察內在與外界的交涉過程。也就是運用每一種感官功能的感受性，喚醒我們的覺察力，保持一種清楚明瞭的開放狀態，這有助於心智更加敏銳。

如當我們用眼睛去觀賞大自然的綠山、藍天、白雲；用耳朵聆聽山林裡的蟲鳴鳥叫、潺潺溪聲；用皮膚觸覺來感受微風吹拂的涼爽；用鼻子嗅一嗅那清新的空氣的草香、泥土香。

感官與外界的交涉時，產生了什麼樣的感受，透過這樣的方式與大自然互動，來引導提升我們的覺察能力。

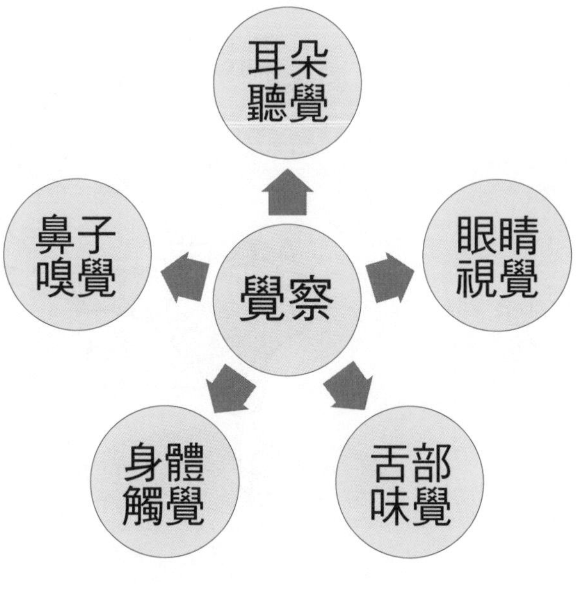

聽覺練習：聆聽大自然的樂章

當我們聆聽大自然的聲音，可以幫助靜心的持續，並讓身心感覺舒服，並和大自然頻率產生一種共鳴感。聆聽大自然的聲音持續一段時間，能讓身心產生共鳴的效果，這是透過聽覺與大自然的能量互動。

聲音就是一種能量的波動，海聲、瀑布聲等不同聲音都有不同的能量，當我們持續聆聽一定的時間，細胞逐漸與大自然產生音頻的共振時，即能調整腦波、淨化心靈，心會漸漸安穩下來。

聲音容易影響人的情緒，美國「哈佛身心醫療學院」（Harvard Body Mind Medical Schoo）、「加州大學」（University of California, Los Angeles，UCLA）都做過音樂對腦電波影響的實驗，證明一些放鬆柔和的音樂，能夠將人類腦部活動帶入情緒比較平穩的狀態。所以，學習前也可以用音樂來靜心，讓孩子學習怎麼專注「聆聽」。經過引導，孩子可以慢慢延長專注力的時間，同時，對聽覺的辨識度也會越來越細膩。

帶著小朋友到戶外聆聽夏天樹林裡的蟲鳴鳥叫、蟬聲或流水聲，甚至風吹動樹葉的沙沙聲，雖然只是簡單的聲音，透過聽音韻節奏，也能達到靜心效果。在家裡的時候，我們可以每天利用一點時間，選擇以大自然聲音為背景的音樂，也可以選擇放鬆身心的音樂，讓孩子練習聆聽。

聽見大自然的聲音

聽覺感官練習主要是利用耳朵與外界接觸，在大自然中有許多聲音，如溪水、蟲鳴、鳥叫、風聲、樹葉沙聲等，這都是屬於大自然的樂章，試著去聆聽，仔細地聆聽，分辨其中的種種聲音。

這些聲音可以拉近我們與大自然的關係，透過聆聽大自然樂章，慢慢把心安定下來。聆聽是很能夠進入靜心的方法，停下腳步，專注聆聽，不僅可以幫助專注，也可放鬆身心，因為大自然聲音柔和的頻率，能幫助我們達到專注與放鬆的狀態。

聽覺練習方法就是「專注地聆聽」。

聽，只是聽，專注地去聽。

除了聽，還是聽。

只有一個動作：「聽」。

「專心聽」就是一個方法，這是需要練習的，因為有些孩子可能無法持續專注很久，而我們鼓勵孩子去聆聽大自然的聲音，靜下心來聆聽，去聽出聲音的微細變化，仔細去辨識它。

「仔細聽聽，有什麼聲音，你可以把眼睛閉上，用心去聽！」

聽！只是用一個聽覺，這樣就可以把心安定下來了。方法雖然簡單，練習再練習，卻是非常重要的。我們先嘗試著去「聽！」專心地聽，心無旁鶩，就只是聽，聽溪流的聲音也好、聽海水的聲音也好。

「聆聽」正是覺察力開發的方法，找一個地方，讓孩子坐下來。

引導者：

你可以把眼睛閉上，用心去聽！

（小朋友慢慢靜下來聆聽）

先讓小朋友安靜下來聽幾分鐘的時間，讓他們把專注力放在聽覺，讓他們聽聽有什麼聲音。幾分鐘後，問問他們聽到了什麼聲音。

引導者：

仔細聽聽，有什麼聲音呢？

（讓小朋友回答）

很好，很棒，再把眼睛閉上，再用心去聽聽！看這一次你能聽到什麼聲音？

（讓小朋友回答）

很好，很棒，再把眼睛閉上，再用心去聽聽！

引導孩子用心聆聽，懂得聆聽是一件很重要的事，用欣賞的、享受的、輕鬆的方式去聽，這最自然、最美的聲音。

接著，我們讓孩子只專注在一種聲音，很仔細地去聽聲音的節奏感或層次變化。

引導者：

現在你選一個聲音來聽就好，仔仔細細地聽，去聽出它的變化。

你選擇了什麼聲音呢？那聲音有什麼變化呢？是怎麼樣的節奏呢？

最後，我們讓孩子分享他聆聽的過程。與孩子分享的對話也是很重要的，這樣孩子會更認真地去聆聽，也更能夠幫助他們投入在活動的目標上。

流水的節奏聲

平常到戶外的森林或海岸時，不妨停留下腳步，專心去聽這自然之聲，去感受它的節拍與節奏，透過聽的方式，把自己融入在大自然中。

閉上眼睛，專心地聽、用心去聽，聽溪流的聲音。透過聆聽大自然樂章，慢慢把心安定下來，仔細地聆聽分辨其中的種種變化。

選一個聲音去聆聽，專注在那個聲音的節拍或音頻上。持續專注地去聽並不容易，因為心的注意力很容易會被各種念頭帶走，所以必須不斷地拉回來。「聽聲音」可以讓孩子的心可以專注，同時也讓心感到舒適愉悅。從三分鐘開始練習，孩子如果能定下心聆聽，會變成減弱躁動的狀態。

在室內也可以採用大自然系列的音樂，想像自己就在大自然中，以此來練習放鬆與專注。如果選擇流水聲，就提醒他們去注意水流動的聲音，請他們靜下心來聽水聲的變化，仔細去聽，就可以發現水流聲是有一種節奏性的變化。讓孩子專心聽水流聲，讓他們把心定下來，我們必須不斷提醒他們把專注力放在聽覺上，不要分心。

引導者：

有沒有聽到水的聲音呢？

好，請注意聽水流動的聲音，

聽聽水聲的變化！

有聽出水聲的節奏性的變化嗎？

聆聽流水的聲音

小知識

大自然音頻的共振

聲音所發出的頻率會影響人體身心的波動頻率。大自然的蟲鳴鳥叫、浪濤拍打聲，溪流瀑布，都能為身心帶來放鬆與寧靜，當你坐在瀑布邊，不斷地聽瀑布的聲音，雖然沒有旋律，但不停重複的節奏，卻能使我們產生同步共震的效果，如蟬聲和鳥鳴，這些大自然的頻率，都可幫助我們調整身心。

聲波是一種能量的呈現，藉由振動產生的波動與人體細胞會產生共鳴，和諧的音頻會影響腦波及生理機能。大自然的音頻不只是從耳朵聽覺進入，它能讓整個身體產生共振，滲透皮膚、毛孔，所有內部細胞，與身體產生共鳴。這就是大自然諧振（Entrainment and Coherence）的效果。一旦內部的身心頻率可以和大自然頻率接近，就能安定身心。

聲波與人體的關係

聲波是一種能量的形式，藉由振動產生波動與人體細胞產生共鳴，和諧的音頻會影響腦波與身心，形成同步及振動效果。聲音的頻率影響人體身心運作，也關係著人體的健康。

聆聽蟲鳴鳥叫、山林裡隨風而起的樹葉聲，或是浪濤拍打聲，均能感受到片刻身心的寧靜與放鬆。地球自然頻率與我們在寧靜專注（α波）及睡夢（θ波）時的腦波接近。以量子物理學觀點，一切萬物都有著振動頻率。古希臘人就認為宇宙行星能發出獨特「嗡」（Om）的和諧音調和旋律，被稱為天體和諧之音。印度瑜伽冥想認為「嗡」（Om）是源於宇宙中的聲音，能深層調整自我頻率。

然而，當聲源頻率雜亂且無規律地組合時，如都市吵雜聲，也可能影響腦部運作及精神狀態，較容易引起焦慮狀態。當自律神經的交感及副交感神經失去協調性，也就容易失去平衡感。

在舒緩、柔和的音樂中導引心神合一，有助於身心修復，放鬆平靜的心靈音樂可讓人的身心變得透徹明亮。情緒有各種振動頻率，正面情緒如喜悅、祥和、自在，能量就會增強，身體就容易健康；負面情緒導致悲傷、暴躁，容易形成疾病。只要走入大自然，用心傾聽一切天然的聲音，當大地的頻率與身體進行同步的諧振作用，便能協助身心達到健康諧和的狀態。

音樂與身心的平衡療癒

聲音是波動加上意念，它具有平衡與療癒身心的功能，音樂療癒可以透過各式各樣的音樂種類來達到功效，釋放壓抑許久的情感，也可以減輕慢性病症，讓人更容易入眠。悠揚而穩定的音頻能幫助靜心，能使人體內的細胞產生變化，幫助調節自律神經平衡，並解開情緒困擾。

聲音療法是用聲音來平衡身心的自然療法，古人很早就運用聲音頻率來調和身心，各種文化也有許多調整身心頻率的工具。古老的聲音療癒來源，包括西藏頌缽、鐘鼓、長笛、非洲鼓、印第安笛、印尼鑼、中國弦樂等，都是以聲音調整身心的工具。

視覺練習：欣賞大自然這幅畫

「你看到了什麼？」鼓勵孩子去看大自然，去欣賞大自然這一幅畫，我們只是去看、去欣賞，大自然的美把我們自然而然地融攝在裡面了。看山看海、看日出朝陽、看日落夕陽，心情就自然寧靜了。

「讓我們一起看雲去吧！」帶著小朋友上山體驗呼吸，找一處地方坐下來，一起陪著孩子，一起靜靜地去看山、看雲、看藍天、看溪水、看植物。

請他們去感受自然的美，看山看雲，一邊和他們對話：「有沒有看到雲的變化呢？你覺得雲像什麼呢？」這時，或許有微風吹來，那就請孩子感受微風，想像自己是雲，飄著。山林中有綠草、藍天、白雲、溪湖，我們可以多停留下來，看看山、看看水，讓山水影像印烙在我們心中，視覺感官會吸收這些顏色的能量，受到大自然的影響，身心便容易趨向於安穩與平衡。

我們可以請孩子們用手指當畫框，「尋找心中美麗的圖」。別急著讓他們畫畫，先讓他們對大自然產生美的感受。因為感受大自然的美比繪畫更重要，大自然的美有一種寧靜的力量，孩子原本的躁動不安消失了，大自然為孩子創造了一個寧靜的世界。孩子寧靜專注在自己想表達的世界裡，這個寧靜世界就是我們想給孩子去體驗的。

如果是在室內進行，也可以是採用大自然音樂冥想的方法（請參考「在森林與草原的世界裡飛翔」的引導），先引導一段自由冥想的時間，用聽覺來激發內在視覺，如流水聲讓人想像山谷的溪流，蟲鳴鳥叫讓人有置身於森林浴中的想像。然後再讓他們畫出心中的影像，用藝術來配合冥想，對於安定身心，有非常不錯的效果。

大自然視覺練習的方法

1. 視覺聚焦練習：專注於一個焦點，凝視遠方山頭（或遠方夕陽、大樹，以靜物為主）一段時間。
2. 覺察練習：這是觀賞大自然的方法，凝視遠方風景，去觀察它的細節變化，如山的顏色變化、雲的走動、光影的移動、海波的波動等等（以動態的變化事物為主），進行觀察與體驗心中的感受。

讓我們一起看雲去

一個悠閒的時光，我和小朋友們一起到戶外寧靜地看山、看海、看雲。

孩子說：「我們可以在山裡吶喊嗎？」

「可以呀！吶喊吧！」

「啊～啊～啊～喔～喔～喔～」

一陣瘋狂的大叫後，山谷裡有一些回音，這讓孩子更興奮。我突然感覺到一種最原始的快樂。

「好，我們一起來擁抱大自然吧！把手臂張開，你可以擁抱山、擁抱雲、擁抱一切，我們一起深呼吸。」

孩子開心地把手臂張開，一起深呼吸。

「來，我們看看遠方的山、看看遠方的雲朵。」

山要怎麼看？雲要怎麼看呢？其實，就只是去看它，去欣賞它的美，看見山的綠、看見天空的藍、看見白雲的柔，靜靜的去欣賞大自然這一幅畫。透過專注地看與觀察，讓身心融入在大自然狀態中。

大自然有一種和諧的美感，當這種美感不斷地輸入到我們腦部，它將會有一種穩定的作用，風景也有平衡身心的作用，因為視覺在接收刺激後，會影響腦部神經。

平常我們都把視覺消耗在電腦、手機、電視等 3C 產品上，透過這些科技所傳達出來的，無論是訊息或頻率都是屬於高刺激性的，消耗太多腦力，它影響了我們的平衡感，所以容易躁動，要改變這種現象，就要轉移視覺來源。

將視覺影像轉移到大自然的一切生態，讓大自然的畫面去影響我們的心靈，這是最直接的方法。給自己和孩子一段寧靜的時光，在那個時光中，一切都放下吧，放鬆身心，盡

情地融入大自然。

引導者：

大自然像不像一幅畫呢？
你看到了什麼？
很好，再仔細看一下山和雲！
（給小朋友一些時間去欣賞大自然）
有沒有看到雲的變化呢？
（讓小朋友回答）
很好，那有看到山的顏色變化嗎？
（讓小朋友回答）
很好，山的顏色也會變化了。

當小朋友已經看了一段時間遠方景色的變化，可以再找找其他的標的來觀察，如一棵大樹、一朵花、一隻昆蟲。

畫下美好的感覺

看著前方的山、天空的白雲或綠地大樹，讓視覺環繞在這一片大自然中，深深吸一口氣，感受微風的吹動，讓自身融合於大自然世界中。讓孩子進入大自然的美感裡，請他們看看山脈、大樹、任何植物或昆蟲，讓他們選擇自己最有喜歡的事物，靜靜地看，慢慢地欣賞。

在練習中，我們要先培養孩子的感受力和觀察力。視覺的觀察是一個重點，不急著繪畫寫生，畫筆只是一個工具，如何把孩子的感受引導出來才是重點。整個過程是一種美的體驗，也是一種心情感受的歷程，用畫筆去抓住對大自然美感的體驗，不需要繪畫技巧的框架，只是去感受體驗。

在繪畫的過程中，完全讓自己跟著心的感覺去走，用你當下的直覺畫出心的感受，只是畫畫，我們專注在那個當下，體驗那個過程，放空自己投入其中，不用擔心畫得好不好看，繪畫是抒發情感的方式。和孩子一起進入一個自由的、不拘束的、不被設限的狀態中，透過繪畫體驗人與自然之間的互動。

引導者：

想像你心中有一幅畫框，這個畫框裡面要放什麼呢？現在請你看看什麼是你最有感覺的？把它放進你的畫框裡。

在經過一段時間的觀察後，再開始作畫，我們的目的不是訓練畫家，這一刻我們只是純粹讓孩子抒發他們的內在情感、情緒、直覺感受或內心世界，我們要鼓勵他們大膽地作畫，不要怕畫不好，不批評，也不需要打分數，不做任何技巧上的評價，我們要的只是感受與心情的分享。

你感覺到什麼？畫的感覺是什麼？你這樣畫的想法是……

（讓小朋友回答）

這時，我們可以繼續追問。

那個感覺是什麼？為什麼喜歡這樣的感覺？

（鼓勵他們說出感覺，把那些感覺畫出來。不斷地鼓勵，讓孩子願意大膽地畫出心中的感覺）

很好，很棒，還有什麼感覺想再畫進去的呢？畫完的感覺是什麼？

用繪畫來描述心的感受，但這不是繪畫美術課程，注意力不用放在繪畫技巧上，而是直接融入在美的感受中，畫筆只是在記錄我們的心靈感受。

小知識

視覺與神經

科學的研究發現，人們處在自然的陽光下，比在一般的人工光線下更能放鬆，且不易疲倦。綠色植物能大幅度地的吸收對眼睛傷害極大的紫外線。多看綠色植物能使眼睛產生一種舒適的感覺。

各種顏色對光的吸收和反射各不相同：紅色和黃色對光線反射較強，因此容易產生耀光和刺眼；綠色和青色對光線的吸收和反射都比較適中，給人帶來涼爽和平靜的感覺。

綠色和青色對人體的神經系統、大腦皮質及眼睛裡的視網膜組織比較適合，所以遠眺大自然的景物，可緩解眼睛的疲勞狀態，緊張的神經就會頓覺輕鬆，眼睛的疲勞也會隨之消失，達到身心休息的效果。

當我們一打開眼睛，視覺就在吸收外在環境給予的能量。現代3C的視覺刺激，加速了視覺疲勞感。美國心理學家丹尼爾高曼（Daniel Goleman）就認為，在現代充斥3C產品的環境下，孩子專注力會越來越薄弱，甚至導致情緒智商容易低落和不穩定。

太刺激的電子聲光環境也會使腦力消耗，所以我們必須重新儲存能量。而大自然穩定的色系會影響我們的腦波，使我們的腦波可以接近於大自然的頻率。

觀賞大自然也會影響到我們的心理狀態，不同的光譜所產生的顏色有它的頻率與波長，所以不同的顏色會帶給我們不同的心理感受，產生不同的心理作用。雖然每個人對光波感受有差異性，但也有共通性，如紅色容易使人情緒激動，藍綠色容易使人理性安靜。

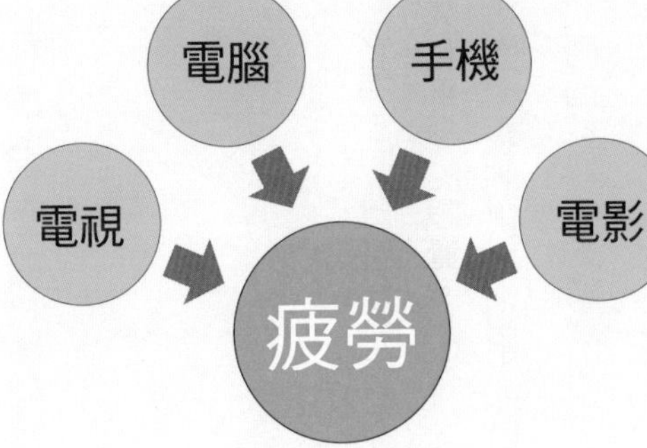

觸覺練習：打開你的毛細孔

觸覺主要的是利用皮膚上敏銳的觸感與外界接觸，當微風吹來，皮膚便會有清爽的感覺，當身體浸泡在水裡，即可以覺察溫度，這就是觸覺的作用。我們最常運用的是風的觸感，感受微風吹在身體上的感覺，這就是一種覺察力的培養，讓心專注地察覺風吹拂的觸感。

「有沒有感覺到風正在吹呢？風吹到皮膚上的感覺如何？」提醒孩子去注意感受風吹在皮膚上的感覺，持續觸覺的感知。除了專注力，還包括覺察力、心的敏銳度等等。

如果有山泉水，也可以讓他們去體驗水的溫度，感受山泉水的冰涼感，去感覺那種冰涼的感覺。也可以撫摸大樹、玩泥沙，甚至親子之間的互相按摩等等。我們可以利用大自然的觸覺來作覺察：風、水、陽光、空氣的觸覺感。

風的觸感	用敏銳的心去感受風吹撫的清涼觸感，直接去感受風吹撫皮膚毛孔細胞神經的觸感，去感受風和皮膚間的觸感。
水的觸感	當身體皮膚碰觸到水時，去感受水和皮膚毛孔細胞的觸感，去感受那種冰涼的感受，感受水出入毛細孔的感覺。
陽光的觸感	當陽光灑落在身上時，皮膚會感覺熱、刺的感覺，去感受光照射皮膚毛孔的觸覺變化，觀察毛孔流汗的過程。察覺每一種身心細微的變化。

感受毛細孔的呼吸

在大自然中深呼吸時，想像著全身的毛細孔正在進行呼吸，用觸覺感知與想像。讓我們與大自然進行氣場的調節作用，這也是一種調節身心的方式，可以讓我們全身機能快速更新。

事實上，呼吸時氣體透過鼻囊毛孔接觸的剎那，就會產生觸感。我們透過呼吸法，將自己融入於大自然中，讓人自然而然地達到身心平衡的狀態，我們可以帶著孩子一同在草原上感受風帶來的觸覺感知，享受與大自然的互動。經由體驗大自然，來學習身心靈的平衡。

引導者：

先用鼻子呼吸，深深地吸一口氣，吐氣（延長呼吸的時間）。

再用你的嘴呼吸，大量的呼吸換氣，可以用不同的嘴型發出氣息。

好，現在全身放鬆，想像全身毛細孔都在呼吸，感受全身毛細孔都在呼吸，用觸感來感受呼吸。

（給孩子一點想像與感受的練習時間）

深呼吸，吸氣，吐氣，去感覺微風吹在臉上或身體上毛孔的感覺。

感受被風輕輕吹的感覺，好，感受全身放鬆……

深呼吸，吸氣，吐氣……（提醒孩子感受毛細孔的觸感）

親子在大自然中的寧靜呼吸

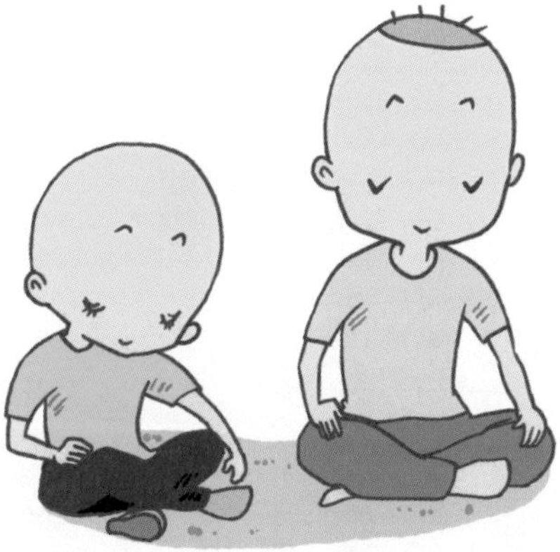

擁抱陽光

當陽光照耀我們時，皮膚與光會產生觸覺與交互作用，光具有波動，也傳遞著能量，所以會在我們體內產生新的能量。

我們生命個體不是絕緣體，是與大自然共存的小宇宙，所以適度的與陽光接觸，就能獲取自然能量。也就是說，能量獲取最直接的方式，就是學習與大自然互動，光的接觸就是其中一個方式。

我們可以透過陽光來做觸感覺察的練習，讓孩子在過程中享受陽光和空氣，以及陽光曬著皮膚的感覺。

光也具有療癒功能，我曾經陪伴癌症母親觀賞落日，到公園運動看日出。夕陽的光具有柔和安祥的感受，它的美會讓人轉移心境；早晨的光芒會帶給人希望與期待。轉移情緒是療癒中很重要的一個關鍵，光明、希望、信心，都是內在精神的養分。[1]「擁抱陽光」的方法，運用在憂鬱症，也有不錯的改善效果。

感受陽光

我們可以參考光的冥想來練習，提醒孩子感受皮膚的觸感。

引導者：

深呼吸，吸氣，吐氣，感受一下陽光照著我們的感覺。好，去感受光照射在皮膚毛孔的觸覺變化，去感覺陽光的熱度，去感受你身體溫度的變化，或是去觀察毛孔流汗的過程。去感受你身體的種種感覺與變化。

流水的觸感

帶著小朋友走到了山林中的小溪流，透過玩水的過程，我們一樣可以培養孩子的專注力與覺察力。溪水就是可以用來練習專注與覺察力的對象，透過流水，讓孩子去覺知皮膚觸覺的變化，腳底去感受水與泥的觸感，提醒孩子去覺察腳底的觸感。

請孩子專注地去感受腳底接觸到水的感覺，以及觸覺感受的變化，當孩子在進行觸覺感受活動時，心是專注的，會慢慢寧靜下來，隨著練習次數的增加，專注力與敏銳度都會有所進步。

我們也可以提醒他們去注意水流動的聲音，可能是溪流聲，也可能是瀑布聲，請孩子用心去聽那個聲音（感官覺察也可以採用不同感官交叉運用）。把注意力放在這兩個感官上，練習「聆聽」與「觸感」，以兩種方式交替去使用。

這樣的大自然體驗方法，可以讓孩子在大自然中慢慢安定下來，孩子只要願意寧靜下來去「感受」，自然不會和像先前那樣浮躁嬉鬧。

讓孩子在大自然裡慢慢找到自己的寧靜世界。與大自然互動，接受大自然能量淨化的時間持續得越久，情緒會變得更為安穩。這樣的練習，不只適合小朋友，長期在都市裡生活的成年人，也是需要與大自然多進行互動。

在平常生活中，無論洗臉或洗澡，也都可以用以練習水的觸覺感。提供諸多的方法，就是為了讓孩子「願意」來體驗，只要他們願意這樣的練習，自然而然心就會寧靜下來。

流水的觸感

引導者：

腳底（或手）有什麼感覺呢？（讓小朋友回答，他們可能回答涼涼的感覺）

好，去感受水冰冰涼涼的感覺，注意在水跟你皮膚接觸的感覺，去感受一下水的溫度和觸感。

慢步經行

到了草原泥土地，不妨脫下鞋子，踩一踩泥地，接受來自土地的地氣，讓我們的腳底板和大自然的土壤接觸，試著在鬆軟的泥土地上走一走。

在山林裡做「慢步經行」（就是慢步走），把行走動作放慢，把注意力放在腳底的觸感上，以此作為觀察目標。「慢步經行」在室內一樣可以進行，如赤腳在地板走著，感受腳底板和地板接觸時的感受，感受走路時左右兩腿抬起、放下時的輕重變化。

如果沒辦法赤腳踩地，穿鞋子在山林中散步也是可以的，透過提腿、放腿，一樣可以感受身體輕重的些微變化，以身體為觀察目標，讓覺察力漸漸變得敏銳。

引導者：

赤腳踩著，腳底有什麼感覺呢？（讓小朋友回答）

現在，我們來學習太空漫步，請把左腳輕輕地抬起來，很好，我們慢慢地把腳放下，很好，慢慢地放下。請感覺腳底踩在地上的感覺，去感受腳底的感覺。

（暫停一下，讓小朋友去感受腳底的觸感）

好，現在我們把右腳輕輕地抬起來，很好，慢慢地把腳放下，很好，慢慢地放下。請感覺腳底踩在地上的感覺，去感受腳底的感覺。

（以下用相同的方法重複練習）

在大自然草原中慢步經行

撫觸大樹

在戶外尋找一棵沒有蟲蟻的大樹去觸摸，用觸覺感官與大樹接觸。帶領小朋友感受撫摸大樹的感覺。

撫觸大樹

引導者：

閉上眼睛，用你的手去撫摸大樹，感受一下樹給你的感覺。

小知識

與植物的互動

科學研究指出，與森林樹木接觸可以改善許多心理健康的問題，如精神疾病、多動症、憂鬱症，有些原住民也是透過抱樹吸收取能量，或是吸收樹木所發散的芬多精，來持續他們的活力。

一些研究也顯示，當孩童與植物相互作用時，會明顯表現出心理和生理方面的健康幸福感，孩童在綠色環境裡，會有更好的認知、情感及創造性。

沙畫創作

玩泥沙就像是一種沙畫創作，這是孩子們最喜歡的活動之一，如果有適合的地方，如海灘、田野，就可以讓孩子以大自然的沙土來作畫，小朋友們也會很自然地玩了起來，那是孩子的天性。

他們用自己的方式去融入在天地中，在自己創造的小宇宙裡，這將會是一段非常寧靜的時光。所以，就讓孩子盡情去享受以大自然為素材的創作吧，自然而然地去體驗在創作中的寧靜世界。

偶爾，當我問孩子這是什麼時，他們甚至會說出作品後面的故事。如「在一個海上的小島，小島上有一座小山，還有很多樹，有很多人和動物住在這個小島……」孩子就像藝術家一樣，會靜下來沉思自己該如何進行下一個步驟，他們會思考自己的藝術品該如何呈現。這是大自然藝術教室所給的寧靜空間，他們會因此專注而安靜。

花一些時間讓孩子與大自然接觸，大自然的力量對身心具有莫大的調節作用，讓我們自然而然平靜下來，找一個機會，用一天或一個下午的時間，放下一切，把身心全部交付給大自然，開放身心所有感官與大自然接觸，融入其中，感受其中的奧妙。

沙畫創作

嗅覺練習：空氣裡的味道

嗅覺主要是利用鼻子呼吸時，藉由嗅覺神經與外界接觸，去辨識味道。有些人對於嗅覺會特別敏感，特別容易把注意力放在嗅覺上，他們便適合於這種覺察練習。

嗅覺感官練習時，提醒孩子使用嗅覺去覺察四周的氣味，「有沒有聞到什麼味道呢？這味道感覺如何？」到山林中，我們會嗅到泥草味道的氣息，讓孩子去感受這些青草、土壤的味道，去感受花的香氣；若有硫磺溫泉，也可以體驗一下那種味道；如果到了海邊，就去嗅海水的鹹濕味，嗅一下海的味道。

用嗅覺來體驗外在世界，就是嗅覺的覺察力練習。如果是在室內，可以用比較好的芳香精油或點壇香、水沉香，這些氣味均有助於提神、放鬆、專注。

大自然的味道

練習時透過呼吸，用鼻子感受大自然的味道，讓孩子去辨識大自然有哪些氣味。辨識氣味需要專注於覺察，當覺察力越細膩時，能辨識出的味道種類會更多，嗅覺敏銳度也就隨之提高了。

引導者：

深呼吸，吸氣吐氣，好，閉上眼睛，聞一聞，你聞到大自然裡有什麼味道呢？

（讓小朋友回答）

很好，再一次，深呼吸，吸氣吐氣，聞一聞，還有什麼味道？

（讓小朋友回答）

尋覓芬多精

因為森林當中由葉、幹、花所散發出來的芬多精香氣，對人體健康也有不錯的助益，而水源處的負離子，也有活化細胞的功能，可以說，自然山林空氣中的分子有別於都市，如果可以選擇在大自然裡練習呼吸，並體驗嗅覺，就更能幫助身心達到平衡。

引導者：

深呼吸，吸氣吐氣，好，你聞到哪些植物的味道呢？

（讓小朋友回答）

好，深呼吸，吸氣吐氣，想像你吸收了哪些植物的氣味？

感受大自然氣味

小知識

什麼是芬多精？

芬多精（Phytoncid）是由蘇俄及日本博士所發現，森林的葉、幹、花所散發出來的揮發性物質，是植物自體內散發出來的自衛香氣，目的在防止有害細菌侵入，有抑制空氣中細菌及黴菌生長的功能。

根據他們的研究，芬多精可以改善腦部的神經傳遞訊息，產生鎮定、舒張效果。對人體具有消炎殺菌、去除疲勞、刺激自律神經、安定情緒、預防氣管疾病等功效。可以促進人體健康、提高疾病抵抗力，對人體的循環系統、內分泌系統、防禦系統都有相當的助益。能排解心中的壓力，是不錯的自然療法。

什麼是負離子？

為何瀑布周圍可以使我們感到舒爽清涼？這是因為水珠在相互激烈碰撞過程中產生了大量負離子，當水滴分裂成更小的水粒時，本身會得到正電，使周邊空氣形成負電而產生離子。負離子（Negative ions）是帶負電荷的離子，無色無味，它透過電子和空氣中的分子碰撞，如瀑布、溪流、噴泉、海浪沖擊等，這現象被稱為「勒納爾效應」或「瀑布效應」（Waterfall effect）。

此外，綠色植物光合作用，以及太陽的紫外線、雷電等等，也都能產生負離子。雷電過後，野外空氣特別清新，這是因為空氣中雷電造成大量負離子。又如海岸空氣也是非常清爽，這是海洋頻繁雷電和 花飛濺的衝擊產生了負離子。都市環境中太多正離子，因電荷不平衡，容易引發病痛，人體加入負離子便可中和正離子，可使細胞活絡，精神充沛。

味覺練習：飲食的藝術

味覺主要的是利用舌頭的味覺神經，與口中物質的接觸而產生感知。一般味覺多半在飲食的過程中產生，如吃飯、喝湯等。因為生活忙碌，我們似乎把吃飯當成是為了填飽肚皮，很少專注地吃飯，總是喜歡一邊吃飯一邊看電視、滑手機、看報紙，因而忽略了如何去享用一頓飯的重要性。

現在，我們就來學習「如何吃飯」。我們常常被教導，吃飯不可以「狼吞虎嚥」，要

「細嚼慢嚥」。但是，要怎樣才算「細嚼慢嚥」呢？我們是否有真正地、認認真真地享用過一頓飯呢？

如何練習「細嚼慢嚥」？

專注地飲食也是一種練習，如「咀嚼」與「味覺感知」，就是在飲食的過程中，把焦點放在舌頭的味覺上，比如吃饅頭，我們用細嚼慢嚥的方式，在咀嚼的過程中體驗味道的變化，口腔會分泌出能分解食物的唾液，唾液會分解食物，在這當下，試著去細細品味食物的味道，覺察食物的味道變化。

「仔細咀嚼，嚐一嚐它的味道，感受食物味道變化的過程！」

每一口食物至少要「咀嚼」二十次以上。並辨識它的味道，專注於味覺，在練習時，每吃一口，都要細細咀嚼和慢慢吞嚥，每一種味道的變化都要去覺察。

這種細嚼慢嚥的方式有什麼好處呢？根據日本東京工業大學（とうきょうこうぎょうだいがく）的一項研究報告顯示，吃飯時細嚼慢嚥，不僅有助於消化與健康，還有助於減重。咀嚼次數越多，口腔活動也會刺激體內的消化與吸收，日本緒方知三郎博士研究發現，唾液中含有的激素是有益於養生保健的物質。

所以，「細嚼慢嚥」最重要的就是幫助唾腺去分泌唾液於口腔中，唾液中含有一種消化酵素，除了可以潤滑食物，使食團更容易吞嚥外，更能幫助食道內壁吸收養分。充分的咀嚼，能分泌澱粉酶將澱粉分解為醣，催化澱粉的分解，而成為小分子的寡　或麥芽（maltose，雙醣）。因此，當我們不斷咀嚼饅頭或白飯時，會發現味道中出現一種甜度，這即是澱粉已被分解。

此外，唾液腺還能分泌唾液脂肪酶消化脂肪。食物的消化是從口腔開始的，如果沒有仔細咀嚼食物，只靠腸胃分泌的酵素，而缺少口腔咀嚼的消化功能，便很容易增加腸胃負擔，胃酸容易過多，也容易產生脹氣。所以，增加食物在口腔咀嚼的時間，使食物不致於停留在胃腸過久，將更有助於排便通暢，不易造成肥胖。

飲食禪修

禪修的飲食，速度是非常慢，因為要專注在每一個動作與心念，持續觀察著舌根味覺，不斷去感知它，對食物溫涼冷熱進入體內都必須要有所感知。

禪修飲食的練習，即保持著高度的覺察力，專注在味覺辨識上。從口腔咀嚼、分泌唾液分解食物，一直到食道、胃部的溫熱感等，都是以身體內部為覺察的目標。

除此之外，手舀湯、取菜，每一個小小動作都要專注。對於現代人而言，大概沒有這樣的時間可以這樣蘑菇。不過，我們可以選擇其中的「咀嚼」與「味覺感知」來做練習。

吃出饅頭的甜味

「吃饅頭」的練習可以運用在戶外的體驗活動中，我們可以用「吃一顆饅頭」的時間，讓孩子慢慢把心靜下來。一開始，孩子不懂得如何吃出饅頭的味道，但經過幾次引導，小朋友就會慢慢懂得品嘗味道，並享受食物的味道，直到他們願意靜靜地品嘗食物，就能開始體會出「咀嚼」的樂趣，並體驗味道的變化。

體驗過靜靜吃一顆饅頭的樂趣嗎？如果你也感受到它的樂趣，你會發現，讓心寧靜下來就是這樣簡單。吃一顆饅頭時，仔細去分辨味覺，便會發現，唾液融入澱粉時，味覺中會有微微的甜味，用味覺去感知它，就是覺察能力的培養。

味覺練習可以先從單一食物開始，如一顆饅頭、一粒梅子、一粒葡萄乾、一片吐司，都是不錯的選擇。

引導者：

想一想，這白饅頭會是什麼味道呢？

請先吃一小口，細細地咀嚼它，要咀嚼越多次越好（至少二十次以上）。你知道你咀嚼幾次了嗎？

請覺察食物的味道。

請在咀嚼的過程中，觀察口腔裡的唾液分泌。它是何時分泌的呢？

在你口腔裡的唾液分泌後，食物的味道又有什麼變化呢？

請注意食物味道的變化。

你有察覺食物是在什麼時候吞嚥的嗎？

（喝口水，休息一下，再吃下一口）

教孩子好好吃一頓飯

要孩子認真地吃一頓飯，有時並不容易。每到吃飯時間，孩子總是會七嘴八舌地吵鬧。

如果能用「咀嚼」的方法吃飯，小朋友很容易就能養成認真吃飯的習慣，而當孩子習慣地

專注吃飯時，就等於培養了定力。

吃飯要「細嚼慢嚥」，首先要體驗「咀嚼」，觀察食物入口，到唾液分泌、味道變化，一直到吞嚥、消化，在整個過程中進行微細的觀察，去細細地「品嘗」食物味道。清楚知道自己正在咀嚼，心不散亂。

全神貫注於「吃」的過程，專注於「咀嚼」、「飲用」，這和散心的吃東西很不一樣，如同一種「茶禪」的意境。在飲食禪修中，就是用咀嚼與味道辨識來練習。

「吃飯禪」的體驗目前也慢慢被帶入校園了，小朋友在體驗咀嚼與味道辨識中，可以非常認真且安靜地吃飯，校園「吃飯趣」就是一個案例，到目前還在校園中推廣著。[2]

飲食的空間和環境，必須要排除任何會干擾注意力的東西，如電視機、網路、報章雜誌，給一點放鬆的音樂是可以的，但音樂不要太強烈，以不影響注意力為原則。

練習專注吃飯，必須注意以下幾點

1. 請小朋友拿餐具並使用它，用完後把餐具放至定位，要專注於每一個動作。
2. 拿菜、盛飯、取湯，讓孩子學習每個動作能夠專注而優雅地進行。請孩子觀察自己的每一個小動作，知道自己在盛飯，知道自己在取湯。要培養對動作的觀察力。

3. 飲食前，先讓孩子做一次深呼吸，然後靜心一分鐘（可以有輕鬆寧靜的背景音樂，透過音樂讓孩子放鬆，並慢慢專注於吃飯這件事），讓孩子把心收攝回來。可以用呼吸法、視覺焦點（專注地看著眼前的飯菜），或只是聆聽音樂也可以，選擇任何一種專注方法。

4. 做感恩詞念誦。（請參考P198頁）

5. 當食物進入嘴巴時，不要急著咀嚼，更不要急著吞嚥食物（請孩子一口食物至少咀嚼二十次以上，再吞嚥），要覺察舌頭的味覺感受力。

小知識

味道是怎麼產生的？

我們吃東西時會產生酸甜苦鹹的味道，是因為我們的舌頭上有味蕾，味蕾主要是由特殊的上皮細胞所組成。這些細胞會週期性的更新，再經由腦神經傳回大腦。

舌頭的每一個部位都可以偵測到甜、苦、酸、鹹、辣等的味道，但特殊的地方偵測會更敏感，如舌頭前段對於甜的感覺比較敏感；鹹味主要在舌頭前段兩側部位；酸味主要在舌頭兩側，而苦味主要在舌頭後段最為敏感。

唾液主要由腮腺、頷下腺和舌下腺這三條唾液腺共同分泌出來，分泌的同時，也受到大腦皮層的控制。人的唾液與食物混和，能溶解食物中的可溶性成分，並使作用味蕾引起味覺反應。

感官覺察力綜合練習

感官覺察練習可以先單獨在一個感官上練習，然後再用不同感官交錯運用練習。

器官	感知	方法	案例	覺察對象
眼	視覺	凝視風景，透過眼睛與大自然的色系接觸，使身心靈更容易趨向於安定與平衡。	陪著孩子一起看山、看雲、看藍天、看溪水、看植物，看日出朝陽、落日夕陽，也能產生安定心靈的效果。在室內時，可以看看植物或柔和的圖畫。	山、雲、藍天、湖水、海洋、樹木、花、草原等。
耳	聽覺	專注於聆聽，透過聆聽大自然聲音，慢慢把心安定下來。	去聆聽大自然的聲音，有溪水、蟲鳴、鳥叫、風聲，仔細地分辨其中的種種聲音，專心放鬆地聆聽。在室內時，可以聆聽錄製好的大自然音樂。	水聲、瀑布聲、風聲、鳥聲、蟬聲等。
身	觸覺	專注察覺風吹撫的觸覺感、皮膚與水或泥土接觸的感覺。	去感受風吹到身體上的感覺，讓孩子體驗水的冰涼感，浸泡在水裡，覺察溫度，或是感受陽光照耀時的觸感。在室內時，可以用電風扇、水盆或以黏土遊戲替代。	微風、水、陽光、樹、泥沙等。

鼻	嗅覺	把注意力放在嗅覺上，用嗅覺去覺察四周所有的氣味。	嗅到泥草味道的氣息，去感受草、土壤的味道，到了海邊，也可以嗅一些海水的鹹濕味。在室內時，可以點芳香精油，或點壇香、水沉香。	草味、樹味、土味、海水味等。
舌	味覺	把焦點放在舌頭的味覺上，覺察食物在口中的味覺變化。	藉由品嘗食物，增加咀嚼次數，至少約二十次，在咀嚼的過程中品嘗食物的味道變化。	喝茶、饅頭、白飯、葡萄乾、酸梅等。

Chapter 7

專注力遊戲

專注力的靜定遊戲最主要的功能，
是從動態遊戲中體驗心力集中，
這是培養孩子專注力最好的方式。
主要在於透過簡單的運動與遊戲，
幫助孩子把身心安定下來。

兒童多慣於動態的活動，喜歡遊戲更是他們的天性。有帶過孩子的人都能體會到，要強迫孩子靜止不動地坐著，簡直比登天還難。

直接進入靜止狀態，小朋友的接受度不高，但動態與靜態交互調配是小朋友最能接受的方式。事實上，要培養兒童身心安定與專注，不一定就是讓他們靜靜地坐著。如果孩子有好動或過動傾向，也一定會抗拒類似靜止不動的方式，因此，培養他們定力與專注力，便必須要由動態活動來切入。

專注力的靜定遊戲最主要的功能，是從動態遊戲中體驗心力集中，這是培養孩子專注力最好的方式。這是透過簡單的運動與遊戲，來幫助孩子把身心安定下來。

安定專注的訓練可以增加趣味性，所以培養兒童專注力、情緒的穩定性，最好的方式是短暫的靜心與呼吸活動（站立或坐姿都可），然後再搭配趣味性的遊戲。

靜心與呼吸活動可以讓孩子對遊戲有更高的敏銳度，而遊戲中的成就感會幫助孩子願意投入靜心與呼吸活動。

特別是為了讓孩子對靜心與呼吸活動充滿期待，我們可以動動腦筋設計一些可以配合專注與安定身心的主題遊戲。這類型的專注力遊戲是一種體驗性的動態活動，體驗完後，分享過程是相當重要的，因為我們必須讓孩子明白，所學習的內容對自己身心安定有很大的幫助，而不只是玩玩遊戲而已，如此，他們在下次的參與中會更留意自己在專注與安定的進步。

互動式遊戲

鏡子遊戲

當孩子專注力無法集中時，動作模仿練習是很有效的方法，它讓孩子能瞬間專注於模仿動作，也會覺得有趣味（特別是幼兒或低年級），同時也可以培養孩子的觀察力與敏銳度。

「鏡子遊戲」是常被應用的專注力遊戲。遊戲活動內容就是一個人當鏡子，並模仿另一個人的動作，如同鏡中人一樣。

在活動中，讓孩子想像自己是一面鏡子，模仿父母或引導者的動作，剛開始給孩子的動作可以簡單些，動作速度先放慢，等孩子熟悉了、反應增強後再加快。也可以互換角色，讓孩子更有創造力。這個遊戲是藉由視覺集中注意力，來增強孩子的反應力和敏銳度。

動作難度應由簡易開始，再漸漸增加難度。可從單一動作到連續動作。動作開始前要暗示一下對方，可以用一些口語方式，如「我變、我變、我變變變」，或是「一、二、三，木頭人」。引導者要注意孩子的動作反應力，如果孩子沒有跟上，便要等孩子把動作完成，再進行下一個。

學習目標

1. 藉由視覺集中注意力。
2. 增強孩子肢體的反應力。
3. 加強瞬間的專注力和敏銳度。

方法步驟

1. 先練習深呼吸，保持專注。
2. 引導著先設計五至十個簡單的動作，如舉起雙手、雙手抱胸、抬腿等等。
3. 引導者進行動作時，要觀察孩子的動作是否能跟上。
4. 可以提高動作難度，也可以角色互換，由小朋友來做動作。

適合學齡

從學齡前、幼稚園到小學六年級都適合。

心連心遊戲

這個活動可採用團體分組方式進行。

口含吸管，套上橡皮筋，以口對口方式進行接力遊戲。由於動作有一些難度，所以可培養團體默契與個人動作細膩度。

此活動適合團體分組來進行，屬於團體遊戲的一種，親子間也可以做練習，除了吸管，用長棒餅乾也可以。

除了遊戲本身的專注與默契外，也可以提示小朋友去體驗殘障人士生活中的動作，如口筆畫家，能讓孩子增加同理心。

學習目標

1. 練習專注與細膩度。

2. 培養人與人之間的默契與配合度。

方法步驟

1. 口含吸管，並套上橡皮筋，由第一位開始準備。
2. 第二位也一樣口含吸管，傳接第一位的橡皮筋。
3. 如此依次傳接到終點。

注意事項

要提醒小朋友含吸管時的安全，防止傷到咽喉。

使用器材

吸管、橡皮筋

適合學齡

小學三年級到小學六年級以上。

節拍遊戲

節拍遊戲是以雙手拍掌，手部拍打是練習節奏感的方式之一，建議可以配合音樂節奏課程進行，增加孩子對音樂節拍的敏感度。此遊戲可以兩人互動，也可以進行一對多的團體遊戲。

一開始，引導者先用雙手拍掌，並拍出一小段有節奏的掌聲，先讓孩子去聽節奏，再讓孩子以雙手拍出一樣的節奏感。這個遊戲主要是訓練聽力、記憶、反應與節奏感，透過聽力與模仿，來練習專注力。

拍掌除了練習專注力、記憶力、反應力等能力外，其實拍掌也是一種古老的養生方法，因此多練習是有益健康的，而且也有助於團體默契。

在孩子失去專注力時，拍掌是集中心力、振奮精神的好方法。

一開始節拍數不要太多，從簡易的節拍開始練習，逐漸增加難度。如果一開始太難，對某些孩子而言，可能會失去嘗試的意願。

學習目標

1. 能提升聽力上的專注。
2. 增加聽力的記憶力。
3. 增強手部肢體上的反應力與敏銳度。

方法步驟

1. 引導者先試打幾個節拍，讓孩子練習聽節拍的聲音，專注在聽力上。
2. 練習模仿拍打節拍，先以拍掌三下開始。
3. 再換不同的節拍練習。
4. 增加節拍次數。
5. 角色互換，讓孩子先打節拍。

適合學齡

學齡前幼兒到小學四年級（以上也都適合）。

投擲遊戲

這類型的投擲遊戲，包括拋球、投射等方式，代表運動項目如拋球、套圈圈、投籃。投擲遊戲的難度在於瞄準能力與力道的掌握，距離或高度是難度的表現，遊戲進行時，建議以漸進式來增加距離難度。

一開始先增加孩子的成就感，再慢慢增加難度，這樣才有新挑戰的刺激，孩子較能持續對遊戲的興趣。

這類投擲遊戲的工具在一般兒童玩具店都可以買得到，也可以在室內進行。在室內進行時，可以設置簡易籃球框架，讓孩子來學習拋射動作，或是用一般桶子，來進行投擲遊戲，或是像套圈圈，這都是孩子會喜歡的遊戲。

投擲的物品不宜過重，或使用傷害性物品，投擲點附近不宜有人，以免造成受傷。

學習目標

1. 學習瞬間專注力、控制力道與身體平衡感。
2. 能體驗心的專注力與身體力量的控制。

3. 運用體育心象練習法。

方法步驟

1. 以立姿練習呼吸與柔性伸展操。
2. 可先進行心象練習（想像自己投擲成功情形，並感受自己的施力）。
3. 先練習投擲動作，感受應施力的大小。
4. 專注瞄準洞口（這是關鍵，要提醒孩子留意）。
5. 請孩子注力施力的感覺，並準備投擲。
6. 完成投擲動作。
7. 結果檢討（由指導者協助，幫助下次的修正）。

使用器材

有魔鬼氈的黏球版或手套、兒童用室內籃球與球框架、塑膠球、投擲圈套、立點標的物等等（可依需要搭配不同的器材）。

適合學齡

從學齡前幼兒到小學三年級。

單獨式練習

跟著感覺走

慢步行走可以幫助孩子走路的姿勢更優雅，相對的，心也會變得更穩重些。行走過程一開始速度要放慢，同時更要不斷提醒小朋友關注走路的動作。我們可以藉由行走來使孩子向內專注，心不散亂，專注與覺察是練習者行走時的重點。

若是空間不大，可以迴繞著正方形來行走。

為了讓活動本身有趣味性，我們可以搭配著節奏的快慢，有時快、有時慢，隨拍手或樂器，快慢變化交替，可進行或停止，如此也可以提高孩子在活動中的專注力。也可以讓行走者輪流打節拍，來增加難度的變化。

運用節拍的輔助，可以幫忙孩子提升專注能力。

學習目標

1. 讓孩子透過走路來覺察身體動作變化。
2. 能提高在走動中的專注與覺察力。
3. 藉由觸覺與聽覺來集中注意力。

方法步驟

1. 注意每踏完一步的完整性，一開始都是慢步，就好像是太空人，或是慢動作一樣，「我們要當太空人，要慢動作分解」，這樣小朋友就比較能理解什麼是慢步行走。
2. 在行進中，需要有口令來帶領：
   (1)「請慢慢抬起你的左腳，好，腳輕輕著地，身體重心慢慢往前，慢慢抬起你的右腳。」
   (2)「好，請注意腳底踏在地面的感覺。注意腳抬起來時身體重心的變化，請注意每一個動作的轉換。」
   (3)反覆。

(4)在反覆幾次後，可進入節奏遊戲。（用拍手或節拍器皆可）

「好，現在請跟我的節拍速度來踏步，拍一下腳抬起，再拍一下腳落下，注意聽節拍，跟著節拍的速度走。」

進入節拍之後，可以有不同的變化，可以快也可以慢，或中途停止不動。這時候我們要把孩童的注意力導引到聽力上，使他們集中注意力。

注意事項

若是赤腳行走，行走之前請留意地面上是否有危險物品或碎片，要避免碎裂物傷害腳底。行走的路線最好能標示，讓孩童清楚路線方向。

適合學齡

學齡前、幼稚園到小學三、四年級都適合。

頂書遊戲

頂書的遊戲是最簡單的身心平衡感訓練，只要有一本書（不要太厚重），就可以馬上

讓小朋友嘗試了。讓孩子在頭上頂書，可以利用方墊沿四周慢行，這遊戲同時也訓練了平衡感與專注力。

古人云：「行如風，立如松，坐如鐘。」如果孩子走路時身體是不平衡的，或是不穩定，那麼頭頂上的書本很容易就會掉下來。這可能跟走路的姿勢或速度的調整有關。因此，這個頂書的遊戲，正好可以讓孩子練習如何慢步走路，經過幾個月的練習後，孩子走路就會變得比較緩慢而穩重，也會比較有氣質，比較不會毛躁輕浮或跳動不穩。

一開始有些孩子的平衡感不是很好，書可能常常會掉下來，但經過幾次練習，他們就可以做得很好了。

頂書遊戲主要在訓練平衡感，可以搭配站立的靜心與呼吸活動，先讓孩子把心專注下來，如果此刻孩子的心很浮動，便不太容易完成太長的距離。所以，頂書遊戲的平衡感是在平靜而放鬆的情況下進行，孩子的身心也不能太緊張，最好能處於一種身心放鬆的狀態。

一開始最好能夠用短短幾分鐘的時間做立姿呼吸，或肢體伸展的柔軟操，讓孩子能調整自己的呼吸，把身心達到平衡穩定的狀態。或是先練習慢步經行，專注地走路，包括肢體的平衡感，與腳底踏步的方式，讓孩子先學習走路的正確姿勢。

行走的距離一開始不要太長，先從短，再到長，慢慢加長距離。等孩子熟悉身心平衡的技巧後，可以再增加路線的難度，如S型、上下坡度等，或增加書本數，放一些重量較輕的東西，使其更具有挑戰性。

學習目標

1. 讓孩子在活動中學習放鬆身心與專注的行走過程。
2. 在行走中練習身心的平衡感。
3. 調整呼吸與專注力培養。

方法步驟

1. 以站立的方式（請參考立姿呼吸）靜心呼吸，讓身心放鬆專注。
2. 先在原地頂書，覺察平衡感，調整呼吸。
3. 依規劃的路線，慢步前進，身體放鬆，心專注於行走時的平衡。
4. 完成預計的距離。
5. 原地反覆，以立姿練習呼吸，準備下次的行走。

注意事項

在路線的規劃上，一開始要先排除障礙物，最好能使用軟墊，以防小朋友跌倒。有些孩子的平衡感較弱或容易分心，可以從最短的距離開始練習。

使用器材

書本、軟墊。

適合學齡

約從學齡前、幼稚園到小學三、四年級。

托水遊戲

「托水缽」是從經典中的托油缽故事而來，經典記載，有一罪臣被國王命令持一個盛滿油之缽，然後讓他經過一條路，這過程一旦滴出一滴油，他就會被處死。

這途中有許多美女色誘，也有拔刀者威嚇，但罪臣以專心正念持油缽，不受外在環境的影響，終於通過了種種難關，未失一滴油而保全了性命。

「托水鉢」就是將這典故發揮成為專注力遊戲，器皿盛滿水，然後持器皿走一段路，器皿中的水不能漏出，考驗著孩子的平衡感與專注力。

我的經驗中，托水鉢遊戲是小朋友較喜歡的專注力動態遊戲之一，它可以有不錯的效果產生，孩子會覺得有趣，也能夠幫助他們集中心力。托水鉢遊戲也可以幫助孩子走路的姿態更加穩重。

這是用遊戲的方式，增加孩子學習的興趣，在遊戲中引導他們感受自己身心的平衡感，培養出他們專注力與定力。

當孩子托水鉢練習穩定後，還可以在水上面放乒乓球或可愛小鴨等物，增加趣味性，同時也可以讓孩子觀察自己是否身心平衡。

先讓孩子完成立姿自然深呼吸、柔性伸展操或慢步經行等活動後，再進階到托水鉢遊戲，因為每個活動練習後，都能為下一個活動奠定基礎能力。專注力與覺察力的培養，是透過不同活動來慢慢增強，所以，每個活動練習都有其功能與效益。

學習目標

1. 學習如何平穩自己的身心，持續身心平衡狀態。
2. 能持續自己的專注力、靜定力。
3. 體驗放鬆與專注的感覺。

方法步驟

1. 先練習伸展操與立姿呼吸，放鬆與安定身心。
2. 持裝滿水的器皿，提醒孩子感覺力的平衡感。
3. 持器皿走一段路，感受持續施力的平衡感覺。

注意事項

托水缽遊戲必須要規劃好路線，路線不能有障礙物，以防孩子跌倒。若是有水倒掉，則要先處理好，使地面恢復，以免孩子滑跤。

托水缽遊戲不太建議用速度競賽的方式，建議用達成率的方式來進行，因為速度競賽的方式很容易給孩子壓力，這樣就較難去體驗放鬆的感覺。

使用器材

器皿、水桶、標示等。

適合學齡

從幼稚園到小學五、六年級以上皆可。

蒲扇遊戲

蒲扇遊戲就是將乒乓球或羽毛放在平滑的扇子或板子上（乒乓球拍）行走，這個遊戲主要是訓練孩子的平衡感、控制力與耐性。當乒乓球在平滑扇子或板子上滑動時，他們必須要保持它的平穩，也要能夠控制它，這需要一些耐心，球容易滑動，因此要掌控它，力道要仔細拿捏。

這些微細的察覺與控制，建立在平時所訓練的平衡感與專注，蒲扇遊戲較之前的遊戲，在難度上有所提升，除了行走之外，手臂力量的控制也需要一定程度的技巧，這技巧

的重心，就是專注地控制力道的平衡，身體若太過僵硬，則不容易施展，所以必須適度放鬆肌肉，並持續心力的集中，這是較為細膩動作訓練的遊戲。

此遊戲可以使用乒乓球或羽毛兩種物品，乒乓球或羽毛兩種物品的性質不同，乒乓球在於平衡感的力量控制，羽毛則在於走路的速度掌握，不急不徐，如何把力量與速度控制得剛剛好，就是要讓孩子從中去體驗。

活動完後，可以和孩子一起分享過程中的經驗與技巧方法，藉以增進孩子的思考能力。

由於隨著使用器材的不同，難度會有差異，表面越光滑，難度就越高，這與表面磨擦力有很大的關係。

學習目標

1. 讓孩子學習保持身心的平衡感。
2. 提升孩子心力的集中與控制能力。
3. 培養孩子的耐心和靜定力。
4. 能在遊戲中體驗專注與放鬆的感覺。

方法步驟

1. 先做立姿自然深呼吸與肩膀、手臂等伸展動作，先暖身與安定身心。
2. 練習放鬆與專注的覺察。
3. 讓孩子先在原地做練習，體驗手臂施力的平衡感，等逐漸熟悉控制它後，再開始行進。

注意事項

場地與路線一樣要排除障礙物，以防跌倒危險。

使用器材

乒乓球、羽毛、蒲扇子、乒乓球拍等。

適合學齡

約從幼稚園到小學六年級。

賣油翁遊戲

倒水遊戲來自宋朝歐陽脩所寫的一則寓言故事《賣油翁》，說古代有一位射手，其射藝精湛，當時無人能敵，他因為這個本領而自誇。有一次他在射箭時，一位賣油老翁在旁斜著眼看他射箭，很久未離開。那位賣油老翁見他射箭精準，也只是微微點頭。

射手見賣油老翁不以為然，便問他：「難道我這樣射箭的本領還不高超嗎？」賣油老翁說：「這不過是手熟罷了。」射手氣憤地說：「你竟如此輕視我高超的射箭技術！」老翁說：「以我倒油的經驗，就可以知道射箭也是憑熟能生巧的道理。」

於是他就拿出一個葫蘆放在地上，把一枚中間有孔的銅錢蓋在葫蘆口上，然後用勺子舀油徐徐向下灌注於葫蘆中，油從錢孔中穿過去，而銅錢卻半點油漬毫無沾染。老翁便說：「我沒有別的奧妙，這只是熟能生巧罷了。」射手見此熟稔的倒油技巧，也只能甘拜下風了。後來這故事成了「熟能生巧」的成語典故，指所有的技能都能透過長期反覆苦練，而達到熟能生巧的境地。

事實上，無論射箭或倒油，都需要高度的專注力與身體的平衡感，因此少不了靜定的功夫。在這裡，我們把倒油的故事，轉變成倒水遊戲，一樣也是訓練孩子的靜定專注力，與肢體的微細平衡感。

活動進行前，手臂與肢體先做伸展暖身，可以先告訴孩子成語典故，增加孩子的語文常識，同時也方便以故事導入學習練習的情境中。

倒水遊戲的差異只在瓶口寬度上的技巧，因此，要從年齡與練習次數來判斷該使用瓶口多大的瓶子，以及勺子的大小長度。建議漸進式使用不同瓶口大小的瓶子，再慢慢增加難度，若是年齡較長的階段，也可以放上古代有孔的銅板來挑戰。

倒水遊戲比起射飛標遊戲，難度除了瞄準外，還包括了如何使微小的力道能持續，因此，它在練習專注的時間更長，也需要更有耐力。

學習目標

1. 學習專注力、控制力與身體平衡感的持續力。
2. 能覺察肢體的微細平衡感，能掌握微小力量的控制，培養細膩感受度。
3. 能體驗身心合一的感受（即心的專注力與身體力量的控制）。

方法步驟

1. 以立姿或坐姿練習呼吸與柔性伸展操。
2. 可先進行心象練習（想像自己在倒水的情形）。
3. 可以先練習倒水，感受應施力的大小。
4. 瞄準洞口與專注地倒水。
5. 每倒完一單位可以稍微休息，再繼續倒水。
6. 將水瓶倒到預期目標即結束活動。

注意事項

孩子一開始技巧不熟，水可能會溢出，底部可以使用盛水盤皿，這樣可以防桌面被水弄濕。

使用器材

瓶子、勺子、抹布、裝水器皿等。

適合學齡

幼稚園到小學六年級。（難度差異在瓶口寬度上的選擇）。

來玩抽抽樂

積木堆疊遊戲主要有兩種動作，一種是抽積木，一種是疊積木。抽疊積木的遊戲是先把積木交叉排好，通常以三塊積木為單位交叉推高，參與者依序抽出一塊積木後，再向上堆疊，如此不斷反覆的抽離與疊高積木，積木堆疊的結構將不斷的增高，同時也越來越有倒塌的危險，一直到積木堆疊的結構全倒，遊戲才結束。

積木堆疊遊戲可兩人到四人為一組，遊戲進行前，引導者讓參與者先練習深呼吸與靜坐。提醒孩子觀察積木堆疊的結構，注意自己的動作力道的技巧拿捏，如何細膩與均勻使力，這都需要高度的專注力與敏銳力。

學習目標

1. 可練習手指力度的細膩與平衡感。

2. 培養穩定度與冷靜的觀察力。

方法步驟

1. 以坐姿自然深呼吸，短暫靜坐安定身心。
2. 把積木先堆疊好。
3. 遊戲開始，每人輪流將積木抽出後，再向上堆高。
4. 積木堆疊的結構全倒，則遊戲結束。

注意事項

一組人數不要過多，遊戲進行時，請孩子盡量保持安靜，以免干擾別人的思考與動作的進行。

適合學齡

約從幼稚園到小學五、六年級以上皆可。

夾豆豆遊戲

夾豆豆遊戲是要將不同種類的豆子放在一器皿中，讓孩子把豆豆夾出進行豆豆分類，遊戲可以有許多種變化，夾豆豆遊戲的方式是將豆豆放在器皿中，用鑷子夾起放在另一器皿。遊戲主要是在培養兒童手指細膩度與耐心。除了豆豆外，也可以用不同顏色的小珠珠來代替。

如果課程正在進行認識豆類，可以用豆豆分類來認識各種不同的豆類，也可以介紹不同豆類的功能，如黃豆可用作豆漿。豆豆的數量要隨年齡大小而有所增減，幼兒階段還不適合太多豆豆，豆子也要先選大的開始嘗試。

學習目標

1. 練習手指細膩度與穩定度。
2. 培養持續性的耐心與專注。
3. 透過夾豆豆遊戲，認識不同的豆類。

方法步驟

1. 以坐姿自然深呼吸，短暫靜坐安定身心。
2. 把豆豆放入器皿中。
3. 遊戲開始，將豆豆用鑷子（或筷子）取出。
4. 不同的豆豆在取出後，要進行分類放置。

注意事項

要提醒孩子器皿的位置，動作要細膩，以免器皿中的豆豆倒出來。幼兒階段可以使用較大顆的大紅豆，豆子先不要太多，圖案不要太複雜。

使用器材

各種豆子、裝豆器皿、鑷子（或筷子）、白膠、紙板。

適合學齡

約從幼稚園到小學三、四年級。

書寫遊戲

書寫遊戲主要是用繩子把筆綁住，書寫時只能抓住繩子。如此在使用上將會增加書寫的難度，當難度增加後，便需要更專注於書寫過程，特別是在力道與平衡上都要更有技巧。可使用色筆、麥克筆，也可以用毛筆、鉛筆與原子筆等比較難使用的筆。可以書寫結構簡單的文字（從筆劃較少的字開始），或是簡單的圖案。

書寫時要注意筆和眼睛的距離，不要靠太近，並注意兩手的平衡感。

學習目標

1. 培養持續性的專注力。
2. 增進手腕細膩度與穩定度。
3. 透過書寫遊戲，培養肢體的平衡感。

方法步驟

1. 以坐姿進行自然深呼吸，以靜坐來安定身心。
2. 書寫遊戲開始，試拿筆。
3. 專注書寫，並注意手臂的平衡感。
4. 完成書寫。

使用器材

筆、紙、繩子等。

適合學齡

從幼稚園到小學六年級。

變色龍遊戲

視覺殘像主要是利用視覺的互補色（黃—藍、紅—綠、橙—紫、白—黑），使其視覺膜上留下殘像的記憶。活動進行時，讓視覺固定在圖形的顏色上，專注凝視一段時間，然後在把視覺轉向白紙，這時互補色就會出現。

反覆進行這個遊戲，孩子被殘像的趣味性所吸引，因此能夠持續專注一段時間，集中力將會有意外的進步。不過有幾點必須注意：

1. 此遊戲是透過視覺來進行，需要使用眼睛的專注力與眼部肌肉，因此較不宜在長時間閱讀之後進行，因為眼睛容易疲勞，要選擇合適的時間。
2. 在遊戲過程中，要記得休息與放鬆眼部，不要讓眼睛承受太大壓力，時間也不宜太久。
3. 視覺距離至少要一個手臂距離，不要太近。
4. 要有一定的燈光亮度，亮度適中、不可太暗。
5. 先練習單一顏色，再練習兩種與多種顏色。
6. 每練習完一次圖形，要適度休息，放鬆眼部與身心。

學習目標

透過視覺殘像練習專注力與定力。

方法步驟

1.眼睛閉上，先進行臉部與眼部按摩。

2.專注凝視圖案顏色，約十至二十秒。

3.視覺轉向白紙。

4.看出殘留影像的顏色。

5.休息，閉眼睛，臉部與眼部按摩。

使用器材

白紙、色紙。

適合學齡

小學三年級到六年級。

視覺殘像是用來練習專注力與定力。

圖形記憶遊戲

圖形記憶遊戲主要是右腦專注訓練，在限定時間內數出指定的形狀數目，訓練視覺的專注力與記憶力。練習前後可以進行眼部按摩，讓眼睛放鬆。除了以下提供的視覺記憶圖，引導者也可以選用類似的圖板來練習。

經過快速視覺注意力訓練，孩子在閱讀速度上會有變快的傾向，記憶力也會有所增加。此活動屬於瞬間記憶，因此要限定時間，藉以幫助提升專注力，如果在限定時間內沒有完成，也可以重新開始。

學習目標

1. 藉由視覺集中強化注意力。
2. 增強孩子的記憶力與反應力。
3. 能加強瞬間的視覺記憶。

方法步驟

1. 先閉上眼睛，專注呼吸。
2. 決定要數的形狀，初練習時，一次數一種形狀即可。
3. 計時開始，時間約在一分鐘內（時間可以自由調整）。要在限定時間數完。

使用器材

圖形圖片

適合學齡

依圖形設計難度而定。

藉由圖形記憶強化瞬間的視覺記憶

藝術式遊戲

點香遊戲

點香遊戲就是用點好的香來點字或點畫圖案，無論是點字或畫圖案，主要在專注於每一個燃燒點的過程，都能培養孩子的耐心與定力。好的香可以幫忙心神安定。因此，進行點香遊戲時，選用的香也不要太差。建議使用較能安定心神的香，同時也可以點些許檀香或水沉香，配合安定心靈的音樂，使活動進行更有寧靜的氛圍。

進行點香遊戲之前，要充分說明對香的使用，以及相關的安全事項，如離開時，香要怎麼放置才安全，使用香時應小心謹慎，不可嘻笑怒罵。結束時，香也不可以輕易丟棄。

學習目標

1. 培養持續性的耐心與專注力。
2. 增進手指細膩度與穩定度。
3. 透過點香遊戲的圖案設計，可培養創作力與耐力。

方法步驟

1. 以坐姿進行自然深呼吸，以靜坐來安定身心。
2. 把香點上，指導持香應注意的安全（安全注意事項）。
3. 遊戲開始，將宣紙或薄紙放在磁皿上，用香開始點字或點圖案。
4. 完成作品，熄香。

注意事項

點香遊戲從開始到完全結束，都要注意持香的安全，不可將香放在容易著火的地方，請注意熄香動作是否確實完成，以免造成著火。

使用器材

香材、磁器或玻璃製的器皿、棉紙或薄宣紙、打火機、菸灰缸。

適合學齡

約從小學三年級以上到小學六年級（小六以上亦可）。

捏出寧靜的心

捏黏土是孩子最喜愛的藝術創作之一，孩子可以對捏黏土愛不釋手，所以，不妨試一試捏黏土的藝術遊戲。

捏黏土的確是非常適合孩子的一種靜定藝術活動，孩子在操作黏土時的專注與認真，會讓人覺得要孩子靜定下來，其實並不難，而捏黏土確實可以讓大部分的孩子安靜地玩上好一段時間。

捏黏土是一種手動操作，可以培養孩子的手指細膩度，也容易讓孩子專注其中，達到靜定創作的自然效果。

捏黏土的藝術可以先由模仿開始，再導入自由創作。可以先完成一些作品讓孩子模仿，當孩子看到可愛的造型後，自然就會被吸引住，他們會為了自己喜歡的造型而專注地捏。當然，我們也可以鼓勵孩子自己創作，不過一開始模仿作品也是一種方法。

黏土的選擇一定要特別小心，要防範小孩誤食，有些黏土可能有色素與微毒，所以一定要請小朋友在捏黏土後，記得要洗手才能吃東西。

學習目標

1. 學習觀察與創作造型。
2. 訓練手指操作的細膩度與控制力。
3. 培養專注力、觀察力、創作力。

方法步驟

1. 學習觀察已完成的造型。
2. 開始動手操作，引導者可在旁協助孩子。
3. 配合心靈音樂，讓孩子在輕鬆自在的環境中進行。
4. 享受捏黏土的樂趣。

適合學齡

學齡前、幼稚園到小學六年級以上均可。

豆豆藝術

豆豆藝術創作是一種需要高度耐心與靜定的創作，當豆子一顆顆地被排列出來後，孩子的心將慢慢靜定下來，這就是能培養耐心的藝術創作，其他如排小石磚，或其他珠珠、亮片等，都有類似的效果。

豆豆藝術創作的方式則是將器皿中的豆豆，排列成有形狀的圖案，所以這又與藝術創作有關，可以讓孩子先設定一個平面造型，然後再逐一排出平面造型。

如果時間許可，排豆豆創作可以安排在夾豆豆遊戲（參考前面的專注力遊戲）之後，可以讓兒童先進行夾豆豆遊戲的豆豆分類，再進行排豆豆遊戲的創作。

豆豆的數量可隨年齡大小調整，幼兒階段還不適合太多豆豆，豆子要先選大的開始嘗試。而年齡較長的，可以讓他們自己設計圖案，可陸續完成夾豆豆與排豆豆遊戲。年齡較小的，可以用已經設計好的造型。

要提醒孩子動作要細膩，以免器皿中的豆豆倒出來。幼兒階段可以使用較大顆的大紅豆，圖案也不要太複雜。

學習目標

1. 練習手指細膩度與穩定度。
2. 培養持續性的耐心與專注。
3. 培養圖案設計的創作力。

方法步驟

1. 以坐姿自然深呼吸，短暫靜坐，並構思豆豆的圖案。
2. 設計圖案，用鉛筆畫出。
3. 將豆豆沾白膠黏貼在圖案上。
4. 完成作品，整理桌面。

使用器材

各種豆子、裝豆器皿、筷子、白膠、紙板。

適合學齡

幼稚園到小學六年級。（小六以上亦可）

創意趣味書畫

在趣味書畫中，採用新的方式，捨去了一些傳統書法，運用書畫筆墨舒展的特性，放手去寫去畫，回到一種很純粹的筆韻趣味。

這樣的書畫體驗是放鬆的、自然的，要給孩子體驗的是專注、放鬆的身心調和感，並使其注意力回到心靈律動感與呼吸的氣息上，同時也具有美感與創造力的心靈體驗。

即使是一筆長線條，或是畫一個圓，我們都能體會到心和手之間、美感與氣息之間的連結。在身心靈統整的課程活動中，重點在透過毛筆水墨的滲透性，去感受氣與力的變化，使它們達到調養身心的功能。

它是一種內心的自然表現，透過書畫藝術呈現內心世界，把書寫的愉快經驗當作是一種對生命的享受，不管寫得如何，不去批判，就是接受，接受當下的過程，讓孩子享受在創作的自由與樂趣中，引導孩子投入於自己的書寫，在每一筆畫中，很自然地處於靜定，去感受呼吸、氣、動作、心的覺受是一體的。

藉由書畫活動體會呼吸，呼吸快慢、強弱、長短都可以在書寫過程的線條裡呈現出來。氣息與呼吸也就是書畫藝術中的氣韻，讓孩子去感覺氣與書法的密切關係，我們也可以利用長直線與長橫線的一筆畫，來感受呼吸與筆畫之間的關係，去感覺筆畫的粗細與呼吸強弱的關係。去覺察手腕的力道，肌肉力氣的變化，練習力與氣的均勻平衡感。

學習目標

1. 讓學習者產生興趣，能夠樂在其中，渾然忘我。
2. 藉由書畫體驗身心調柔的內在平衡。
3. 藉由線條的美感，去體驗生命的律動，再將生命律動的覺受表現在線條的美感之中。
4. 使孩子對書畫產生興趣。

方法步驟

1. 身心放鬆、調身、調息、調心。

調身：讓學習者進入身心整體放鬆而寧靜專注的狀態，調整身體坐姿（背部正直、挺胸、雙手自然）。

調息：配合呼吸的方法，讓學習者注意察覺自己呼吸。

調心：提醒學習者在專注的書寫過程中，安住當下，對每一筆劃、每一個動作清清楚楚，不散亂、專注、清楚當下。

2. 介紹自由書寫概念。
3. 聆聽心靈音樂。
4. 寧靜自由書寫創作。

適合學齡

小學一年級到六年級（小六以上亦可）。

大自然的藝術創作

藝術創作是一種可以使孩子自然而然靜定下來的好方法，配合山林戶外活動，我們可以撿一些石頭、乾燥草葉、沙粒等等，然後用這些大自然的媒材，作為我們創作的素材。

到戶外做完深呼吸與感官覺察活動後，可以觀察大自然風景，並收集一些適合創作的自然素材，思考創作的內容。這主要是增強孩子的觀察力、想像力與創造力，培養多元智慧的創造能力。

在靜定中產生藝術創作靈感，另一方面也要讓孩子在藝術創作中，沉入於內在心靈有機運作的狀態，創作的環境可以放一些淨化心靈的音樂。重點是，讓孩子體驗藝術創作與心靈沉澱的過程，讓孩子感受美與自由想像的樂趣。

這個活動的重點，是心靈藝術的寧靜體驗，提供一個好的空間環境與氛圍，讓孩子沉靜在藝術家的心靈世界中。要注意所撿自然素材的安全性，最好以植物和礦物為主，有些孩子會抓昆蟲與小動物，這比較不合適，要先告訴他們收集素材的原則與方向，盡量不要破壞生物環境。

學習目標

1. 學習觀察大自然的素材特色，觀察力的培養。
2. 能運用自然素材作畫，培養創作力與想像力。
3. 能在藝術創作中寧靜身心，體驗創作樂趣。

方法步驟

1. 讓孩子觀察大自然的自然素材。
2. 收集喜歡的素材到足夠進行創作內容。
3. 準備畫框與白膠等相關作畫工具。
4. 思考要創作的內容。
5. 聆聽輕鬆的音樂，並開始進行藝術創作。
6. 完成作品。

使用器材

各種天然素材（沙、小石、枯木等）、木畫框（或硬紙板）、白膠、雙面膠、水彩、色彩噴漆等（相關器材工具視情況需求而定）。

適合學齡

小學一到六年級都適合。

1. 可參考筆者著作：《我們戰勝了癌症》、《戰勝乳癌》
2. 法鼓雜誌，〈傳燈院桃園快樂國小推廣吃飯禪〉網路版三一〇期：傳燈院在桃園市快樂國小的邀請下，舉辦十一場的「吃飯趣」教學活動，將禪修與用餐教育結合，帶給學童吃飯好有趣的新體驗。校方邀請傳燈院帶領「吃飯趣」的教學活動後，師生反應良好，今年（二〇一六年）除了教導新生外，也希望能讓「吃飯趣」在校園落實扎根。

Chapter 8

感恩祝福

只要幾分鐘的慈愛冥想練習，
便能有助於提升正向情感，以及降低孤立感，
對他人的包容度、接納度都會有所提升，
煩惱與情感壓抑也會降低。

在丹尼爾・高曼（Daniel Goleman）《破壞性情緒管理》（The Destructive Emotions: A Scientific Dialogue with the Dalai Lama）中提及，經過慈愛訓練的兒童，顯然比一般兒童多了包容力與對挫折的容忍力。所以，目前一些西方國家已經開發很多幫助孩子處理負面情緒的課程，並在校園中實施，他們積極培養孩子正面的心靈，如慈悲、樂觀、包容、關懷、感恩等等。

據埃默里大學（Emory University）珍妮佛・馬斯卡羅（Jennifer S. Mascaro）等人的研究，慈愛冥想練習能夠有效提升個人的同理心，並發展正向情感，如友愛的態度、自我接納、正向人際關係發展、自我價值感、環境適應力、積極人生目標等等。美國心理學協會（American Psychological Association）研究指出，只要幾分鐘的慈愛冥想練習，便能有助於提升正向情感，以及降低孤立感，對他人的包容度、接納度都會有所提升，煩惱與情感壓抑也會降低。

然而，我們又要如何幫助孩子開展慈悲與愛的人格呢？這裡我們提供了練習「感恩」與「祝福」的方法，目標是培養出孩子能關懷他人的內在人格。

感恩練習：感謝豐盛的一餐

溫馨的燭光晚餐

很多的宗教儀式在用餐前都有感恩練習，雖然這只是宗教禮儀，但也有它深刻的內涵與意義，他們會在用餐前有一段感恩的唸誦或禱告。有感恩練習的孩子，總是顯得謙卑柔軟，也比較善解人意。

小朋友用餐前，可以請他們用感恩的心來用餐，孩子在感恩練習後，心中充滿愛的能量，這種溫馨祥和的能量能穩定其身心靈。在平時，如果可以常常讓孩子多學習感恩，他們就可以學習到更謙卑柔軟的態度。

培養一顆感恩的心，讓身心靈充滿愛與平靜。一個懂得感恩的人，讓人感受到的會是溫暖柔和，也會懂得善待與珍惜他人的付出。

這是平常就可以引導的觀念，讓孩子有更多元的思考角度，不會過於自我，並懂得珍惜食物與資源。

感恩的練習，可以佈置一個溫馨的燭光晚餐，在用餐前進行「感恩」引導，請孩子跟我們一起唸。（如果有特定的宗教信仰，也可採用宗教感恩的方式）

引導者：

好，現在你可以閉上眼，雙手握著，跟我一起念感恩的話。

感謝上蒼給予我們食物，我們將會珍惜。

（請小朋友覆誦）

感謝農夫的辛勞、感謝菜市場的人、感謝廚房的廚師、感謝父母、感謝師長……

（請小朋友覆誦）

感謝所有幫助我們獲得食物的人。

（請小朋友覆誦）

祝福與感恩之心的冥想引導

感恩是對別人的付出給予回饋，祝福則是一種主動給予，當我們祝福其他生命的同

時，自己的生命也將更為豐富，這是一種慈愛的學習，在大自然的感恩與祝福中，學習領受愛與給予愛。

透過感恩與祝福的引導，與大自然能量的互動。情緒與思維都影響著我們的身體細胞因子，當這些能量累積至一個程度時，將會改變身體細胞，所以我們必須不斷儲存正向的、光明的、喜悅的心靈能量，而給予的愛與關懷意念，也都會改變體內成長的細胞。

過去母親在療癒癌症時，也常常與大自然進行心靈對話，母親在書中提到，感恩大自然給了她很重要的力量，她也常常這樣念著：「瞻仰美麗而偉大的大自然，情不自禁肅然起敬，雙手合十感恩大地，我與宇宙同在。」

我們如何學習大自然之愛呢？我們也可以讓孩子想像自己是陽光、雨水、大地，學習感恩大自然的給予，也學習大自然無私地給予一切生命的所需，透過這樣的想像，把心胸打開。

飲水的冥想：飲水思源與感恩

水的感恩練習，我們可以從一杯水開始；或是選擇在戶外水源乾淨的地方，先讓孩子觸摸水的感覺，如果在室內，可以觸摸盆子裡的水，留下對水的觸感印象。第一階段的引導，可以用水的感覺來放鬆練習；第二階段的引導，還可以透過喝水這件事，來進行飲水思源的感恩練習。

第一階段：在水的世界裡放鬆

引導時一樣用放鬆練習，不斷地重複暗示「放鬆」，有耐心地反覆，有時要稍停頓，讓孩子去感受一下水的聲音，讓水的流動感在心中留下印象，如果是在室內，可以配合水流動的背景音樂來放鬆身心。海洋也是一樣，聆聽浪聲，去感受浪的波動，用水的印象來感受體內血液的流動。

引導者：

來，水給你什麼感覺呢？

好，仔細聽水流動的聲音，你聽到什麼呢？

現在緩緩地、深深地呼吸，讓自己的身體放鬆。你的身體放鬆……完全地放鬆……從頭到腳所有的神經都放鬆了，你所有的肌肉都變得鬆軟了，好……放鬆……再放鬆……

緩緩地、深深地呼吸，讓身體放鬆。

現在，感覺你像水一樣流動著，你的身體像水一般流動著，流動著……

如同你心藏的血液流動著，去感覺你身上流動的血液。

暫停一下

好，我們從頭部開始，放鬆、放鬆、再放鬆、慢慢地放鬆，感覺你的頭部像水一般流動著，流動著，流動著……

（以下其他部位，都用同樣的方式進行）

暫停一下，休息，再好好地聽一下水聲，讓孩子慢慢進入水的世界。

慢慢地放鬆，感覺你的身體所有的血管已經放鬆了，像水一般流動著，流動著，流動著……

你是流水，流動著，流動著，流動著，流向了汪洋大海。

想像你的身體是一片大海，一望無際的大海。

緩緩地、深深地呼吸，讓自己的身體放鬆……完全地放鬆……

（以下重複）

第二階段：飲水思源的感恩練習

我們每天要喝水，植物也需要澆水，體內缺水是一件很痛苦的事，這裡我們運用水對生命的重要性，來進行感恩的練習。

由於水是身體內重要的成分，所以我們要珍惜水源，藉由飲水思源引發孩子感恩的心。

感恩的心是柔和的、謙卑的，也是對生命的讚誦，這種讚誦是一種個體與大自然生命的潛意識對話，懂得對大自然感恩，能使我們更容易領受大自然給予的生命能量；也懂得感謝他人，更容易獲得好人緣。

感恩練習在身心平衡中是非常重要的一環，感恩之心能幫助調整生命能量，改變深層細胞，也能安定我們的身心，所以不妨常常引導孩子做感恩練習。

引導者：

有沒有在炎熱夏天口很渴的經驗呢？

如果你在沙漠中缺水，很渴，這時候，有人給你一杯水，你會怎樣呢？

我們每天有水喝，是不是要感恩呢？

現在，請對你眼前的這杯水說些感恩的話吧！

請放一杯水在孩子面前。

現在，請你跟著我一起唸，感謝天地，感謝大自然，給我們豐富的水源。

（請小朋友覆誦）

感謝所有幫助我們獲得這一杯水的人，也許是搬運工人，也許是引導水源的工程師，也許是販售的人。我感恩你們。

（請小朋友覆誦）

感謝眼前的這一杯水，給謝你給我生命細胞所需求的水分。

小朋友覆誦完後，喝下這杯充滿感恩的水。

森林草原生命的心靈對話：祝福之心

森林與草原的引導冥想，是透過想像力與不同感官的感受（視覺的、聽覺的、觸覺的、嗅覺的……）去體驗大自然。帶孩子去戶外時，可以進行這樣的引導。

第一階段的練習是感官的覺察，讓他們在戶外林中能有更敏銳的覺察力；在第二階段，展開寬闊的心胸，學習祝福，豐富自我內在生命。

第一階段：在森林與草原的世界裡飛翔

森林與草原是旅行式的引導冥想，可以讓孩子想像自己是一根輕盈的羽毛、一片葉子、一滴水、一片雲、一隻蝴蝶等等。如果是在戶外，先讓孩童深呼吸、放鬆，很自然地去體驗與感受。如果在室內，可以看照片，先留下對森林與草原的視覺印象，或是配合背景音樂。

引導者：

緩緩地、深深地呼吸，身體放鬆、放鬆、再放鬆、慢慢地放鬆……

想像你是一根輕盈的羽毛，躺在柔軟的青草上，一陣微風把你輕輕吹起，隨著風飄著、飄著、飄著……

停頓一下，讓小朋友想像飄的感覺。

你飄到了一片草地！聞一聞，有沒有聞到草的芳香，有沒有聞到泥土的味道！

陽光照著你，照著你的臉，風吹過你的臉，吹著你的頭髮！

你又飄了起來，你飄到了哪裡？飄到了一座森林裡，你看見了一片綠綠的世界，綠綠的植物，綠綠的葉子。

停頓一下，讓小朋友聆聽一下大自然的樂章。

你深深地吸了一口氣，充滿氣氣和芬多精！

你慢慢地吐了一口氣，把身體所有的廢氣都排出體外。

好！再深呼吸一次！

感覺自己的身體充滿了能量。

微風又輕輕地吹起，你飄著、飄著、飄著……

停頓一下，讓小朋友感受一下大自然的氣息。

飄到了山泉瀑布，你聽了潺潺的流水聲，嘩啦嘩啦……

你觸碰了溪水，感到一陣的清涼。

聽一聽山林中的流水聲、蟲鳴聲和蛙鳴聲，聽！大自然的樂章。

停頓一下，讓小朋友聆聽一下大自然的樂章。

你深深地吸了一口氣，充滿氣氣，一陣陣的清爽！

你慢慢地吐氣，把身體所有的廢氣都排出體外。

緩緩地、深深地呼吸，身體放鬆、慢慢地放鬆。

你寧靜地享受大自然的一切。

（引導的內容，引導者可以自由變化。）

第二階段：祝福所有的生命

在這個階段中，藉著祝福文的讚誦，引導出愛的能量，「祝福」是給予、賜給、傳送的概念，當我們學習祝福對方，願意給對方最好的，這是就一種愛的能量，我們要從大自然裡學習到的愛。

祝福引導文主要參考「慈心觀」練習法。在古老的年代，就有這種練習方法，他們運用這種方法，來克服內心的種種恐懼。

引導者：

緩緩地、深深地呼吸，身體放鬆、放鬆、再放鬆、慢慢地放鬆。

想像你是一片葉子躺在柔軟的青草上，一陣微風把你輕輕吹起，隨著風飄著、飄著、

飄著……

我們一起飛過了森林和草原，穿越了峽谷和河流，我們看見無數的生命。

停頓一下，讓小朋友想像飄的感覺。

緩緩地、深深地呼吸，現在我們要祝福所有的生命，請跟我這樣唸著。

（祝福引導文）

祝福我的父母親、我的導師、我的親人和朋友們。

祝福一切陸上行的、一切水中游的、一切飛翔的生命。

以及所有現在、過去供應我身體需要的大自然能量與一切生命，我都感謝他們。

希望他們沒有任何危險、沒有精神的痛苦、沒有身體的痛苦。

祝福他們在任何時刻都能身心保持快樂。

祝福他們得到安定，無論他們在哪裡、在任何時刻，皆能平安喜樂，自由自在，願他們尋到生命的光芒。

感官覺察綜合練習

學習吃一顆橘子

你一定吃過橘子，但你知道「吃一顆橘子」也可以上一堂課嗎？

「橘子禪」課程最初是由法鼓山的法師群，在萬里鄉萬里國中所進行的一場校園禪修實驗課程。當時我非常好奇，「吃一顆橘子」是要怎麼上課呢？

我在觀察的過程中，充滿了驚喜，「橘子禪」這個活動首先要先進行環境佈置，為了使孩子能安定下來，引導者要清楚交代活動進行的規則，如靜語、咀嚼的次數。提醒孩子在吃的過程放慢，並在他們前面放一張紙，方便放橘子皮。

第一階段，它先透過不同感官來感受吃橘子的過程，如用心體驗「咀嚼」這個吃的動作，覺察味覺變化等，讓他們體驗身心感官的運作過程。第二階段是引導他們思考感恩的內容，培養感恩的心，在飲食中體會謙卑與感恩。

當課程結束後，我訪談一位萬里國中的王老師，她說：「這些課程（如橘子禪課程），對我而言是一個非常大的震撼教育，是一種不同於制式的教學，非常具有啟發性，而且讓

人印象深刻，這一連串的生命課程對於我帶班的幫助很大，能使班上的向心力、認同感都變得更好，靜心就像是調整頻率，班上的氣氛變得活潑又和諧，學生對事物的敏銳度也都更細膩了。」

萬里國中王老師當時帶的是國中三年級，而且持續三年每週都進行靜坐課程，但王老師坦承，一開始班上推動靜坐時並不是那麼順利，最初班上有部分學生在靜坐時很不能適應，甚至在週記上抱怨，經過溝通後，學生才慢慢適應，漸漸進入狀況，她很意外的是，在學生三年級時發現了他們的成長與改變。她說，這些是過去帶班時比較沒有的經驗，她認為孩子的變化與成長是多元面向的，不一定是在學業上，有時候是個性的改變，連帶的，在品格上也有了變化，如變得更有同理心、善解人意、柔順等。而她感受最深的是，班級的氣氛變得更好了。

第一階段：覺察練習

在第一階段的活動中，我們讓孩子仔細覺察吃的感覺。

引導者：

我們來練習用不一樣的方式吃橘子，但在吃橘子之前，我們有一些遊戲規則要說明。

1. 請靜語，只專注在你和你的橘子。
2. 不管用什麼方式，請一定要在嘴中至少咀嚼三十次以上，才可吞下去。

開始進行活動。

1. 先做呼吸，吸氣、吐氣，眼睛專注地看著橘子，以橘子為視覺焦點，練習視覺專注。
2. 請看著你的橘子，它是什麼顏色？
3. 摸一摸凹凸的橘子皮，橘子皮給你怎樣的觸感呢？
4. 請慢慢地剝開橘子，嗅一下，當橘子皮被剝開時你聞到的味道。
5. 覺察你正在剝橘子的動作。請把橘子皮放在前面，你知道你正在放橘子皮。
6. 請享用你的橘子，你可以感覺一下，舌頭的哪些部位產生了味覺？是舌尖、舌兩側，還是舌的後側端？
7. 感受你口中唾液的分泌，你有發現唾液是由哪裡分泌出來的嗎？

讓孩子仔細品味咀嚼橘子時的感受，然後引導者再做說明。

請細細地品嘗每口食物，覺察自己在吃東西的感覺；清楚知道自己在咀嚼、慢慢地咀嚼。

好，請注意「我正在吃橘子」這件事，當下的你隨著呼吸、覺察到橘子的味道、覺察到你對味道的感覺，也覺察你剝橘子的每一個動作。一切的動作和呼吸都在進行著。

我們在這個當下，清楚地覺知每分每秒。

第二階段：感恩

從一顆橘子的成長過程來進行感恩的引導。

引導者：

想一想，這顆橘子是怎麼來到你的手上？經過了哪些人的手？果農、搬運工、司機、商人、包裝員、市場的小販……還有嗎？你感謝過他們嗎？

（可以播放溫馨的音樂）

當一顆顆黃澄澄的橘子送到人們手中，他們吃了橘子，橘子種子會再度被吐出來，之後呢？橘子種子送回土壤中，它將重新一個新生命的開展。回顧這一切，橘子的一生，和我們的一生有什麼一樣的地方呢？橘子由泥土中孕育、發芽、開花、結果，再重新回到泥土裡，橘子的成長經過了多少人的努力呢？

（讓孩子思考一下）

好，現在讓我們內心充滿喜悅與感恩的心，想像你是一顆橘子，那會有什麼值得我們感恩的事呢？

請引導孩子說出感恩的事。以下供參考：

橘子幼苗從哪裡生長出來呢？對，土壤。

我們感恩泥土，這片大地像母親一樣地孕育著我們。

橘子在成長過程需要什麼呢？對，陽光、空氣、水。

感恩成長過程中，我們一樣受到陽光、空氣、水無私的奉獻。

還有呢？我們也感恩泥土裡的細菌，它們努力分解，使我們得到各種土壤的營養。

還有呢？我們也感恩昆蟲（蝴蝶）來幫忙傳播花粉，使得我們得以結果實，得以成長出一顆顆的橘子。

還有呢？我們感恩果農辛勤的照顧，使得我們得以茁壯。

還有呢？我們感恩商人由產地運送到消費者手中，使得人們可以方便地享受到我們的營養。

還有呢？我們感恩許多人的父母親努力地工作……

好，回顧我們的成長，是不是也一樣得到很多人的幫忙呢？

請你回顧一下。

（讓孩子思考一下，停頓休息一下）

想一想，在我們生命中，有多少值得我們深深地感恩的人事物呢？

好，我們感恩周遭成就了我們的一切，現在我們在心中感恩他們。

（請孩子默想，最後可以讓孩子分享生活中值得感恩的人事物）

最後收集所有的橘子皮，並引導孩子思考。

果皮和種子還有什麼用處呢？果皮可以怎麼處理呢？

果皮可當有機肥，可以再利用，種子可以再種，植物的生命可以一直延續下去。

在這個課程中，最重要的是感恩思維的引導，而感恩之心也是在這個時代裡最需要給孩子學習的內容。平時我們在家做感恩練習，不一定要像課程設計那般繁瑣正式，其實只要在用餐時，多提醒孩子發起感恩的心念就可以了，這是從小就能培養的良好品格習慣。

後記

我的寧靜禪修機緣

教職經驗與校園禪修教育研究

畢業於師範學院後，我從事了四年的國小義務教育工作，便離開教職，進入了法鼓山「中華佛學研究所」（創辦人是聖嚴法師）。在佛學院研讀時，意外發現了法鼓山禪修活動正進入北海岸的校園，進行禪修實驗課程，於是便跟著一群熱心的禪修教師以及僧伽大學的法師們走進校園。[1]

就這樣開始了兩年的田野調查研究生涯，我邀請了擅長於天台禪修的陳英善教授指導，感謝陳教授的協助，這案子才得以在「國科會」通過，專案的主題是，禪修教育課程在北海岸校園的開發歷程。

在調查研究中，我記錄了他們上課過程，也參與教學後的檢討，訪談學校老師和學生的反應，收集了相關資料。這本書的內容，很多是當時的記錄成果。到目前為止，法鼓山的禪修還繼續在一些校園進行指導，也不斷發展出更適合現代人的禪修方式。

母親罹癌後的痊癒經驗

之後，因為母親罹患乳癌（三期末），我陪伴著她走過抗癌過程，她現在已經完全痊癒，可以不再用任何藥物。這是一個真實成功的個案經驗。我和母親一起撰寫了一本名為《我們戰勝了癌症》（再版書名為《戰勝乳癌》），描述母親抗癌經過，以及我如何幫助母親痊癒的過程。

在這個經驗中，我們嘗試運用一些身心靈療癒方法，如體驗大自然呼吸、恢復健康的信心暗示、學習感恩大自然、祝福之心的練習、吸收大自然能量等等。在陪伴母親走過癌症治療的期間，我更重視身心靈的平衡，於是我慢慢地找出現代人身心平衡的策略：規律性運動，再配合短時間的禪修靜心（你也可以固定規律地運動，再配合十分鐘靜心，這樣效果會更好）。

事實上，運動也是調節身心的方法，如慢跑與快走的調整呼吸、覺察身體變化。

讓心寧靜只要一分鐘

後來我進入了「靈鷲山基金會」，擔任研究專員負責課程設計，嘗試開發學習課程系統。因為這機緣，學習到了「九分鐘禪」的練習方法，這是心道禪師以語言引導的方式，來指導禪修練習，每天早晚練習十分鐘的時間，練習了將近一年半，我感受到身心有了自然趨向安定的變化，包括思慮清晰、精神充沛、睡眠時間減少、睡眠品質變好等等效應。

我發現到：「原來練習禪修不一定要用很長的時間，而是需要頻繁有耐心的練習。」如同校園「心寧靜運動」，[2]他們每次讓學生練習時間只有課前「一分鐘」。

也許你會問：「一分鐘能幹嘛呢？」

但他們真的只用「一分鐘」，就讓學生的心都靜下來了，所以又叫「心寧靜一分鐘」，效果非常讓人驚艷，如宜蘭的凱旋國中，就是「心寧靜運動」非常典型的全校實驗學校。（在 Youtube 上有他們的成果分享）

多元的禪修練習

另一個帶給我啟發的，是參加「開心禪」[3]課程和讀書會，他們將禪修課程分成不同階段的學習，目前在全球都有研習中心。具有創發性的多元禪修練習方式，非常適合現代人初學者學習。

綜合種種，匯整成這本書，希望能為孩子、也為讀者提供一套可於日常生活中學習應

用的身心靈平衡方法。

---

1. 從幼稚園、國小、國中到高中。實驗過的學校有：長樂國民小學、東信國民小學及附設幼稚園、仁愛國民小學、隆聖國民小學、萬里國民中學、長興國民小學、金山完全中學、金美國民小學、中角國民小學、三和國民小學等校。
2. 「心寧靜運動」是由靈鷲山基金會所發起的靜心活動，到目前為止，據統計，全國約有五百家以上校園實施過，現在則可能更多，最初是由宋慧慈老師協助策劃。
3. 「開心禪」是詠給明就仁波切用輕鬆幽默引領一般人學習禪修的方式，如睡覺可以禪修，吃飯可以禪修，走路、運動、講話、看電視也可以禪修，日常生活一切活動，都可以禪修。

四、檢討與改進

最初操作時的情況	□對練習方法不夠熟習，需多反覆操作 □小朋友沒有耐性與興趣 □其他 需要修正的部分：
觀察小朋友改善情況的紀錄	□身心較安定 □學習時持續的專注力更久 □情緒較穩定 □其他改善情況的紀錄（如觀察更敏銳度、思考創造力，人際溝通能力，包容度、同理心等不足） 記錄小朋友進步情況：
小朋友沒改善情況的補救（未來可加強的部分）	□練習次數的增加 □繼續延續更長期的練習時間 □採用獎勵方式，鼓勵小朋友自己練習 □時間適當安排（如閱讀或學習之前先練習靜心） □加入遊戲或趣味性增加練習意願 □搭配在其他的練習活動（如動態與靜態交錯互用） □其他 未來練習可加強的部分：

紀錄表

一、目前期望小朋友改善的部分？

□身心不夠安定，有些躁動
□學習時持續的專注力不足，容易分心
□情緒不穩定，容易發脾氣
□其他（如：觀察敏銳度，思考創造力，人際溝通能力，包容度、同理心等不足）

二、所選擇操作的練習活動

單元	紀錄操作的項目	操作的方法（重點摘要）
體驗呼吸		
專注焦點		
肢體伸展		
引導暗示		
感官覺察		
專注力遊戲		
感恩祝福		

三、執行情況

練習目標	
項目	
練習的時間	每次練習　　　　約分鐘（如果是靜心的練習時間，不用很長，建議「短暫」而「次數」頻繁的專注力練習）
練習次數	每天固定　　　　次 每周總計　　　　次
持續練習的時間	月（建議持續三個月以上）

國家圖書館出版品預行編目（CIP)資料

親愛的,寧靜下來吧! / 淼上源著. -- 初版. -- 新北市：大喜文化, 2017.05　面；　公分. --（喚起；22)
ISBN 978-986-94645-2-9（平裝）
1.修身 2.靜坐
192.1 106005574

喚起 22

親愛的，讓我們一起靜心吧

不生氣就能讓孩子安靜下來的秘密

作　　者：淼上源
編　　輯：蔡昇峰
發 行 人：梁崇明
出 版 者：大喜文化有限公司
P.O.BOX：中和市郵政第 2-193 號信箱
發 行 處：23556 新北市中和區板南路 498 號 7 樓之 2
電　　話：（02）2223-1391
傳　　真：（02）2223-1077
E -mail：joy131499@gmail.com
銀行匯款：銀行代號：050，帳號：002-120-348-27
　　　　　臺灣企銀，帳戶：大喜文化有限公司
劃撥帳號：5023-2915，帳戶：大喜文化有限公司
總經銷商：聯合發行股份有限公司
地　　址：231 新北市新店區寶橋路 235 巷 6 弄 6 號 2 樓
電　　話：（02）2917-8022
傳　　真：（02）2915-7212
初　　版：西元 2017 年 5 月
流 通 費：新台幣 320 元
網　　址：www.facebook.com/joy131499